systemed verlag

Beate Strecker (45) lebt mit ihrer Familie in der Region Hohenlohe-Franken. Vor einigen Jahren entdeckte sie Low-Carb für sich und ist seither davon überzeugt. Ihr gelang es, damit persönliche gesundheitliche Erfolge zu erzielen und darüber hinaus 20 Kilogramm abzunehmen. Mittlerweile gibt sie in ihrem persönlichen Umfeld Hilfestellung rund um Low-Carb. Ihr besonderes Anliegen besteht darin, alle Rezepte alltagstauglich und praktikabel zu gestalten – und vor allem ihre Familie und neunjährige Tochter zu begeistern. Alle ihre Rezepte stammen direkt aus der Praxis und wurden unzählige Male von ihr persönlich getestet.

Beate Strecker

Low-Carb-Alltagsküche

110 Koch- und Backrezepte, die jeder kann!

Inhalt

Rezepte

Low-Carb: Aus dem Alltag für den Alltag

Essen nach dem Low-Carb-Prinzip, also mit einer bewussten Einschränkung kohlenhydratreicher, vor allem zucker- und stärkehaltiger Lebensmittel, erfreut sich wachsender Beliebtheit. Immer mehr Menschen machen sich diese Ernährungsweise zunutze, um sich langfristig gesund zu ernähren, ihr Wohlbefinden zu steigern oder um – ganz ohne hungern und Verzicht oder dem Geschmack von Diät – ihr Gewicht nachhaltig zu reduzieren.

Damit sich die Low-Carb-Ernährung auf Dauer im Alltag integrieren lässt, sollte sie sich vor allem ohne größeren Aufwand umsetzen lassen, dazu natürlich gut schmecken und satt machen. Genau das liegt mir am Herzen: Sie erhalten von mir daher in diesem Buch viele praktische Tipps, damit Low-Carb im Alltag gelingt. Und da es ja in erster Linie ein Koch- und Backbuch ist, gibt es eine Fülle an Rezepten für schmackhafte, sättigende Gerichte, die sich mit zumeist geringem zeitlichem Aufwand (für Einkauf sowie Zubereitung) auf den Tisch zaubern lassen und den Geldbeutel nicht unnötig strapazieren.

Ich gebe meine langjährigen persönlichen Erfahrungen rund um Low-Carb hiermit ebenso an Sie weiter, wie zahlreiche von mir entwickelte Koch- und Backrezepte und biete Ihnen damit eine wertvolle Hilfestellung für den Low-Carb-Alltag. Sie werden ganz schnell merken, dass die vorgestellten Speisen abwechslungsreich sind, aber dennoch Ihren Vorratsschrank nicht überquellen lassen, dass sie einfach und schnell zuzubereiten sind, keine besonderen Kochkenntnisse voraussetzen und obendrein der ganzen Familie schmecken.

Neben den klassischen Grundnahrungsmitteln wie Gemüse, zuckerarmes Obst, Fleisch, Fisch, Eier, Hülsenfrüchte und Nüsse kommen auch weitere Produkte zum Einsatz, mit denen sich vor allem kohlenhydratarme Backwaren, Saucen und Desserts zubereiten lassen. Auf Haushaltszucker und Weizenmehl verzichte ich in meinen Rezepten grundsätzlich.

Ich wünsche Ihnen nun ganz viel Spaß beim Nachkochen und Nachbacken und sehr viel Freude mit diesem Buch.

Herzliche Grüße

Ihre Beate Strecker

© Die Original-LOGI-Pyramide nach Dr. Worm, Stand 2016, publiziert in den Büchern zur LOGI-Methode bei systemed / www.systemed.de
Abdruck nur mit ausdrücklicher Genehmigung des systemed-Verlages.

Low-Carb auf den Punkt gebracht

Der Begriff Low-Carb kommt aus dem Englischen und kann vereinfacht mit »wenig Kohlenhydrate« übersetzt werden. Low-Carb ist keine kurzfristige Diätmaßnahme, sondern eine dauerhafte Ernährungsweise, bei der die tägliche Kohlenhydratmenge reduziert wird. Das betrifft insbesondere den Verzehr zucker- und stärkereicher Lebensmittel. Ziel der Low-Carb-Ernährung ist es, Blutzuckerspitzen sowie starke Blutzuckerschwankungen zu vermeiden und demzufolge auch den Insulinbedarf niedrig zu halten. Damit lassen sich positive Effekte auf den Stoffwechsel erzielen und Risikofaktoren für weitverbreitete Stoffwechselstörungen und -erkrankungen wie Insulinresistenz, Diabetes, Herz-Kreislauf-Erkrankungen, Fettleber und Gicht reduzieren.

Eine einheitliche Definition für Low-Carb und eine entsprechende Vorgabe für die Kohlenhydratmenge gibt es nicht. Diese kann – je nach Art der Low-Carb-Ernährung – sehr stark variieren, wie nachfolgende Beispiele zeigen.

Bei der ketogenen Ernährung, einer sehr kohlenhydratarmen Ernährungsweise, liegt die tägliche Kohlenhydratzufuhr beispielsweise bei 20 bis 50 Gramm pro Tag. Diese drastische Limitierung der Kohlenhydrate bei gleichzeitig deutlich erhöhter Fettzufuhr bewirkt, dass der Organismus, genauer gesagt die Leber, sogenannte Ketone bildet. Diese sind einerseits ein hervorragender Energielieferant (sozusagen ein perfekter Treibstoff, der auch vom Gehirn verwertet werden kann) und haben andererseits vielfältige schützende Funktionen für die Zellen und den gesamten Organismus. Häufig wird diese Ernährungsweise als begleitende therapeutische Maßnahme bei Krebserkrankungen, aber auch bei anderen Krankheiten wie Epilepsie, Parkinson, Alzheimer oder Diabetes angewandt. Sie ist aber durchaus auch für Menschen mit Gewichtsproblemen, Sportler oder generell für Gesundheitsbewusste interessant.

Eine moderatere und dadurch für viele oftmals praktikablere Variante der Low-Carb-Ernährung ist die LOGI-Methode (LOGI ist die Abkürzung für Low Glycemic and Insulinemic Diet), bei der Nahrungsmittel mit niedriger Blutzucker- und Insulinwirkung im Mittelpunkt stehen und der Kohlenhydratverzehr bei 80 bis 130 Gramm pro Tag liegt – unter Berücksichtigung des individuellen Gesundheitszustands und der körperlichen Aktivität. Auch in diesem Rahmen lassen sich vielfältige positive Effekte auf Stoffwechsel und Gewicht erzielen.

Als Orientierungshilfe für die Zusammenstellung der täglichen Mahlzeiten nach der LOGI-Methode gilt die LOGI-Pyramide, mit Fokus auf Gemüse und zuckerarmes Obst, gesunde Fette und hochwertige Eiweißlieferanten. Kohlenhydrathaltige und damit blutzuckerwirksame Lebensmittel sind zwar nicht tabu, sollten aber seltener und allenfalls in kleineren Mengen gegessen werden. Dies gilt insbesondere für solche, die den Blutzucker schnell und hoch ansteigen lassen, etwa Weißbrot, Softdrinks oder Süßigkeiten.

Mein persönlicher Weg zu Low-Carb

Ich hatte bereits etliche Diätversuche unternommen, um mein persönliches Wunschgewicht zu erreichen. Sie alle endeten mehr oder weniger erfolglos. Aber es musste doch irgendwie möglich sein abzunehmen und das erreichte Gewicht dann auch dauerhaft zu halten, ohne Opfer des Jo-Jo-Effekts zu werden. Auf meiner Suche nach der richtigen Strategie stieß ich irgendwann per Zufall auf Low-Carb und hatte damit endlich den richtigen Weg für mich gefunden. Seit der Zeit beschäftige ich mich sehr intensiv mit der Low-Carb-Thematik. Ging es mir zu Beginn in erster Linie ums Abnehmen, ist recht schnell viel mehr für mich daraus geworden. Inzwischen lebe ich Low-Carb aus purer Überzeugung.

Schnell fand ich heraus, dass ich mit der Faustformel ***»ein Gramm Kohlenhydrate pro Kilogramm Körpergewicht«*** am besten zurechtkomme und danach lebe ich bis heute. Die Schwierigkeit bestand für mich von Beginn an jedoch darin, passende alltagstaugliche Rezepte zu finden, die auch bei meiner Familie – meinem Mann und meiner inzwischen neunjährigen Tochter – Anklang fanden. Deshalb beschloss ich irgendwann, eigene Rezepte zu entwickeln. Besonders wichtig war mir dabei, dass nur eine überschaubare Anzahl an Zutaten für die Zubereitung benötigt wird, dass die Qualität gut ist, aber die Kosten nicht aus dem Ruder laufen und dass die Gerichte nicht nur mir, sondern auch dem Rest der Familie schmecken. Zudem sollten die Mahlzeiten schnell und einfach zuzubereiten sein, also ohne stundenlang dafür in der Küche stehen zu müssen.

Seit meiner Umstellung auf Low-Carb habe ich viele Erfahrungen gesammelt und möchte diese nun anhand meiner selbst entwickelten und alltagserprobten Koch- und Backrezepte an Sie weitergeben: direkt aus meinem Alltag für Ihren Alltag! Alle Rezepte sind vielfach getestet und praxiserprobt. Sie sind bestens für die alltägliche Low-Carb-Ernährung geeignet und schmecken in der Regel auch denen gut, die normalerweise nicht Low-Carb essen.

Gute Gründe für weniger Kohlenhydrate

Irgendwann finden sich alle verdaulichen Kohlenhydrate aus der Nahrung nach dem Verdauungsprozess als Glukose in unserem Blut wieder und lassen den Blutzuckerspiegel ansteigen. Die Bauchspeicheldrüse schüttet daraufhin die notwendigen Mengen des Hormons Insulin aus, damit der Blutzucker wieder auf ein normales Niveau sinkt. Das ist auch gut so, denn wenn wir ständig zu viel Zucker im Blut hätten, würden unsere Gefäße Schaden nehmen.

Wie schnell und wie stark der Blutzucker nach der Mahlzeit ansteigt, ist in erster Linie von der Art und der Menge der gegessenen Kohlenhydrate abhängig, aber auch von der Zusammensetzung der Nahrung, etwa dem Ballaststoffanteil. So treiben zucker- und stärkereiche Lebensmittel und Speisen wie Weißbrot, Pizza, Nudeln, Gebäck, Süßigkeiten oder Softdrinks, die zudem ballaststoffarm sind, den Blutzucker sehr schnell und massiv in die Höhe. Das hat eine ordentliche Dosis Insulin zur Folge, meist eine »Überdosis«, die den Blutzucker in sehr niedrige Bereiche absenkt und ein Verlangen nach weiteren Kohlenhydraten auslöst. Der ständige Appetit auf Kohlenhydrate ist quasi hausgemacht und bringt einen gehörigen Kalorienüberschuss und wachsende Fettpolster mit sich.

Für große Kohlenhydratmengen aus der Nahrung wird viel Insulin benötigt und entsprechend von der Bauchspeicheldrüse produziert. Doch das hat seine Tücken: Denn so wichtig das Hormon Insulin für den Stoffwechsel auch ist, dauerhaft erhöhte Insulinspiegel als Folge einer kohlenhydratbetonten Ernährung haben ihren Preis. Sie hemmen die Fettverbrennung, wodurch sowohl Körper- als auch Nahrungsfette als Energielieferanten in den Hintergrund rücken und sich überflüssige Pfunde eisern halten. Zudem wird vermehrt Fett gespeichert, wenn zu viel Insulin im Spiel ist, was Übergewicht begünstigt. Auch Blutfettwerte, Blutdruck, Harnsäurespiegel, Entzündungsparameter sowie das Zellwachstum werden durch erhöhte Insulinspiegel ungünstig beeinflusst, alles Risikofaktoren für zahlreiche Erkrankungen unserer Zeit, etwa Herzinfarkt, Schlaganfall, Diabetes, Fettleber, Gicht sowie verschiedene Krebsarten.

Ein ständiges Überangebot an Kohlenhydraten sowie Übergewicht und Bewegungsmangel sorgen dafür, dass sich eine Insulinresistenz (vermindertes Ansprechen der Zellen im Körper auf Insulin) entwickelt. Wenn das Insulin nicht mehr in gewohnter Weise wirkt, wird für die erforderliche Blutzuckersenkung nach und nach immer mehr davon benötigt, was die Bauchspeicheldrüse irgendwann an ihre Grenzen bringt: Die Insulinquelle sprudelt mit der Zeit immer spärlicher und die Blutzuckerspiegel bleiben erhöht. Stichwort: Typ-2-Diabetes.

Mit Low-Carb haben Sie im Hinblick auf Übergewicht und Zivilisationskrankheiten einen Joker in der Hand. Den spielen Sie aus, indem Sie den Verzehr zucker- und stärkereicher Lebensmittel wie Weißmehl und daraus hergestellter Produkte, Süßigkeiten oder zuckerhaltiger Getränke drastisch reduzieren oder sogar ganz darauf verzichten und Vollkornprodukte lediglich in kleinen Mengen essen. Setzen Sie stattdessen auf Gemüse, Salate, Pilze und Kräuter. Diese enthalten nur geringe Mengen an Kohlenhydrate, dafür aber reichlich Vital- und Ballaststoffe. Durch den hohen Wassergehalt haben sie ein großes Volumen und tragen so zu einer guten Sättigung bei. Auch auf Obst muss bei Low-Carb nicht verzichtet werden. Hier sollten Sie zuckerarmen Arten wie Beerenfrüchten den Vorzug geben.

Von mehr Eiweiß profitieren

Wenn reichlich Kohlenhydrate auf den Teller kommen, wie es beim Gros der Bevölkerung üblicherweise (noch) der Fall ist, bleibt vergleichsweise wenig Platz für Eiweiß (ebenso wie für Fett, aber dazu mehr im nächsten Kapitel). Im Rahmen von Low-Carb bekommt Eiweiß durch die Senkung des Kohlenhydratanteils einen deutlich höheren Stellenwert. Statt der im Allgemeinen empfohlenen täglichen Eiweißmenge von 0,8 Gramm Eiweiß pro Kilogramm Körpergewicht, die gerade bedarfsdeckend ist, bewegt sich die tägliche Eiweißzufuhr bei der Low-Carb-Ernährung in Bereichen bis zu zwei Gramm Eiweiß pro Kilogramm Körpergewicht. Zu Recht, denn das bringt zahlreiche positive Effekte für Ihren Stoffwechsel und Ihre Gesundheit mit sich.

Eiweiß (Protein) ist in punkto Sättigung der Spitzenreiter unter den drei Hauptnährstoffen. Eine gute Portion davon zu jeder Mahlzeit begrenzt die Kalorienaufnahme ganz automatisch. Weniger Kohlenhydrate zugunsten von mehr Eiweiß – auch das sorgt, durch stabilere Blutzuckerwerte, für weniger Appetit zwischendurch. Noch dazu ist der Energieaufwand für die Verdauung von Eiweiß höher als bei den anderen Nährstoffen, was den Energieverbrauch ein wenig ankurbelt. Ein Eiweißplus ist auch ein guter Schutz für unsere Muskulatur, einerseits, weil der Körper bei einer Gewichtsreduktion zur bedarfsdeckenden Energieversorgung nicht auf wertvolles Muskeleiweiß zurückgreifen muss, andererseits, weil eine gute Versorgung mit Eiweiß generell für den Aufbau und die Regeneration unserer Muskeln wichtig ist. Zudem wirkt sich eine eiweißreiche Ernährung günstig auf Blutfette und Blutdruck aus.

Eiweiß wird überall im Körper benötigt, etwa als Baustoff für Knochen, Muskulatur und Bindegewebe, als Hauptakteur eines intakten Immunsystems sowie als Garant für gut funktionierende Stoffwechselprozesse durch Enzyme und Hormone. Für die Bildung unzähliger körpereigener Proteine werden 20 Aminosäuren benötigt, von denen neun ausschließlich mit dem Essen in den Körper gelangen. Da tierisches Eiweiß aus Fleisch, Fisch, Eiern oder Milchprodukten in seiner Zusammensetzung dem menschlichen am nächsten kommt, bietet es einen gewissen Vorteil für eine optimale Eiweißversorgung. Doch auch pflanzliches Eiweiß, etwa aus Hülsenfrüchten oder Nüssen, trägt dazu bei, dass uns alle wichtigen Aminosäuren zur Verfügung stehen. Solange keine Einschränkung der Nierenfunktion vorliegt, kommt der Körper auch durchaus ohne Probleme mit Eiweißmengen von bis zu zwei Gramm Eiweiß pro Kilogramm Körpergewicht zurecht.

Häufig werden Argumente wie eine vermehrte Harnsäurebildung und eine mögliche Übersäuerung gegen die Steigerung der Eiweißzufuhr ins Feld geführt. Allerdings kurbeln niedrige Insulinspiegel, wie sie bei Low-Carb der Fall sind, die Harnsäureausscheidung über die Nieren an und dank reichlich basenbildenden Lebensmitteln – allen voran Gemüse und Obst, von dem bei Low-Carb die zuckerarmen Arten bevorzugt werden – ist auch keine vermehrte Säurebelastung zu befürchten.

Keine Angst vor Fett

Bei Low-Carb steigt automatisch auch der Fettanteil in der Nahrung. Doch das sollte Ihnen keine Angst machen. Ganz im Gegenteil: Mehr Fett tut Ihrem Stoffwechsel und Ihrer Gesundheit gut und macht – entgegen der nach wie vor weitverbreiteten Meinung – auch nicht dick. Vielmehr hat sich in den letzten Jahrzehnten gezeigt, dass das Durchschnittsgewicht in der Bevölkerung trotz aller Fettsparmaßnahmen immer weiter nach oben geht. Was abnimmt, ist höchstens der Genuss beim Essen, denn neben allen seinen bedeutsamen Funktionen im Organismus ist Fett auch ein wichtiger Geschmacksträger, der uns unsere Mahlzeiten schmackhaft macht und auch zu einer guten Sättigung beiträgt.

Die verschiedenen Fettsäuren leisten auf unterschiedliche Weise ihren Beitrag im Stoffwechsel, etwa als Energiereservoir und Treibstoff, als Transportunternehmen für fettlösliche Vitamine, als Bestandteil von Zellhüllen und Gewebshormonen oder als Unterstützer unseres Immunsystems. Was wir zur Gesunderhaltung brauchen, ist eine gesunde Mischung an Fettsäuren und eine ausreichende Versorgung mit essenziellen Fettsäuren, die der Körper selbst nicht herstellen kann und die daher zwingend über die Nahrung bereitgestellt werden müssen.

Im Sinne einer guten Fettversorgung rücken vor allem Fette und fettreiche Lebensmittel mit einem hohen Gehalt an einfach und mehrfach ungesättigten Fettsäuren in den Mittelpunkt. Vertreter der einfach ungesättigten Fettsäurefraktion sind beispielsweise Oliven- oder Rapsöl, Nüsse und daraus hergestellte Öle sowie Avocados. Bei den essenziellen Fettsäuren geht es vor allem um eine ausreichende Versorgung mit Omega-3-Fettsäuren, die insbesondere in fettem Fisch, im Fleisch von grasgefütterten Rindern, Wild sowie in Leinöl, Hanföl oder Walnussöl stecken. Um die Versorgung mit den ebenfalls essenziellen Omega-6-Fettsäuren brauchen wir uns dagegen keine Sorgen zu machen, sondern sollten bei entsprechenden Quellen wie Sonnenblumen-, Maiskeim- oder Distelöl eher auf die Bremse treten, da ansonsten das wünschenswerte Verhältnis von Omega-3- und Omega-6-Fettsäuren infrage gestellt ist.

Auch Fette und Lebensmittel, die vermehrt gesättigte Fettsäuren enthalten, finden in der Low-Carb-Ernährung ihren Platz, etwa Butter, Sahne sowie Milchprodukte mit einem natürlichen Fettgehalt oder marmoriertes Fleisch.

Grundsätzlich gilt: Der Umgang mit Fetten ist bei Low-Carb sehr liberal. Da Fett jedoch von den drei Hauptnährstoffen die meisten Kalorien enthält, sollte – mit Blick auf die Gesamtenergie – auf eine Kombination von Fetten und fettreichen Lebensmitteln mit energiearmen Lebensmitteln wie Gemüse und Co. geachtet werden. Denn auch bei Low-Carb gilt: Die Kalorienzufuhr sollte den Bedarf nicht übersteigen.

Low-Carb aus Sicht einer Ärztin

In den Industrieländern steigt die Anzahl von ernährungsbedingten Erkrankungen wie Übergewicht, Diabetes, Herz-Kreislauf-Erkrankungen oder Krebs. Aber auch andere Erkrankungen wie Osteoporose, Fibromyalgie, Rheumaerkrankungen und Demenz etc. können auf unsere Ernährungsgewohnheiten zurückgeführt werden. Die Forschung ist sich immer noch uneins, welche Ernährungsform die gesündeste ist. In den meisten offiziellen Ernährungsempfehlungen steht der Verzehr von Getreideprodukten im Vordergrund, gefolgt von Obst und Gemüse. Fette und fettreiche Lebensmittel sollten reduziert werden, Milch und Milchprodukte können täglich verzehrt werden, Fleisch, Wurst und Eier in Maßen. Die Deutsche Gesellschaft für Ernährung empfiehlt nach wie vor, dass 55 Prozent der täglichen Energiezufuhr durch Kohlenhydrate erfolgen sollte, weitere 30 Prozent durch Fette und der Rest – also etwa 15 Prozent – durch Eiweiß. Und das, obwohl längst bekannt und auch wissenschaftlich gut belegt ist, dass ein übermäßiger Verzehr von Kohlenhydraten zu Komplikationen im Stoffwechsel führen kann und die Entstehung zahlreicher Krankheiten begünstigt – allen voran der Typ-2-Diabetes, die nichtalkoholbedingte Fettleber sowie Herzinfarkt und Schlaganfall.

Die Inuit verstoßen gegen alle gängigen Ernährungsprinzipien und gehören doch zu den gesündesten Völkern unserer Erde. Sie ernähren sich nur von Fisch und vom fettreichen Fleisch der Robben und Walrösser. Da es im ewigen Eis keinen Ackerbau gibt, fehlen Kohlenhydrate in deren Speiseplan komplett. Die Inuit praktizieren also nicht Low-Carb, sondern No-Carb. Bis sie von unserer Zivilisation erreicht wurden, kannten sie keine Erkrankungen wie Diabetes, Bluthochdruck oder Karies.

Für viele Patienten ist eine kohlenhydratbetonte Kostform aus meiner Sicht nicht empfehlenswert bzw. sogar kontraproduktiv. Im Rahmen einer Ernährungsumstellung auf Low-Carb, bei der es nicht nur um eine bloße Reduktion von Kohlenhydraten, sondern darüber hinaus um eine gesunde und überlegte Zufuhr natürlicher Kohlenhydratquellen sowie guter Fette und Eiweiße geht, kann ich in meiner Allgemeinarztpraxis sehr positive Effekte beobachten: Viele Patienten kommen mit Gewichtsproblemen und bereits verschiedenen durchgeführten frustranen Diäten. Durch die Reduktion der Kohlenhydrate kommt es zu einem niedrigeren Blutzucker und somit zu einer geringeren Insulinausschüttung. So werden starke Blutzuckerschwankungen vermieden, die üblicherweise Heißhungerattacken und eine übermäßige Kalorienzufuhr nach sich ziehen. Insgesamt gewährleistet die Low-Carb-Ernährung eine gute und lang anhaltende Sättigung. Auch der Jo-Jo-Effekt, der oft nach einer Diät auftritt, kann mit Low-Carb vermieden werden, wie u. a. die große »Diogenes«-Diätstudie[1] zeigt. Dort nahm die Teilnehmergruppe, die reichlich Eiweiß und Lebensmittel mit einem niedrigen glykämischen Index bevorzugte, im Anschluss an eine Diät durchschnittlich erheblich weniger an Gewicht zu, als die Probanden mit einer proteinarmen, hoch glykämischen Ernährung.

Patienten mit einem Diabetes mellitus Typ 2 profitieren von einer Low-Carb-Ernährung insofern, als die Blutzuckerwerte generell in einem niedrigeren Bereich liegen und Blutzuckerschwankungen vermieden werden. Das lässt oftmals zu, medikamentöse Therapien zu reduzieren. Teilweise konnte ich nach einer Ernährungsumstellung auf Low-Carb bei meinen Patienten Medikamente auch komplett absetzen. Vergleichbare Effekte konnten auch in der US-amerikanischen Studie von William S Yancy, Marjorie Foy et al.[2] aufgezeigt werden. Patienten mit chronischen Erkrankungen wie Fibromyalgie, Rheuma, aber auch chronischer Erschöpfung und Burn-out-Syndromen weisen eine Übersäuerung des Körpers und chronische Entzündungen auf. Hier konnten im Rahmen einer Ernährungsumstellung unter anderem Verbesserungen des Allgemeinbefindens, eine Reduktion der Müdigkeit und eine Schmerzlinderung beobachtet werden.

Aus den Beobachtungen in meiner Praxis schließe ich, dass viele chronische Erkrankungen unserer Industriegesellschaft durch eine Low-Carb-Ernährung positiv beeinflusst werden könnten. Aber auch bei gesunden Menschen und Sportlern treten unter einer Low-Carb-Ernährung positive Effekte auf, wie etwa eine verbesserte Belastbarkeit und eine bessere Ausdauer, sodass Low-Carb inzwischen auch für viele Sportler ein Thema ist. Viele Patienten tun sich zu Beginn einer Ernährungsumstellung schwer, wodurch es meist einen hohen Beratungsbedarf gibt. Gerade in Deutschland dominieren bei der Ernährung stärkehaltige Speisen wie Brot und Nudeln. Hier ist oftmals ein komplettes Umdenken bezüglich eingefahrener Gewohnheiten notwendig. Daher müssen diese Menschen begleitet werden und sind meist dankbar, wenn sie Tipps für Kochbücher erhalten. Die meisten Patienten berichten jedoch bereits nach kurzer Zeit von einer Verbesserung des Allgemeinbefindens bzw. einer Gewichtsreduktion etc., sodass durch diese positive Bestätigung das »Durchhalten« der Ernährungsumstellung erleichtert wird und Low-Carb recht schnell und einfach zur Gewohnheit wird.

In diesem Sinne wünsche ich allen Lesern viel Spaß beim Nachkochen der in diesem Buch enthaltenen Rezepte. Hier werden Genuss, Gewichtsoptimierung und gesunde Ernährung miteinander in Einklang gebracht.

Dr. med. Dr. phil. Natalie Jansen

---

1 *Thomas A. Larsen, Stine-Mathilde Dalskov, Marleen van Baak etc.: Diets with high or low Protein Content and Glycemic Index for Weight-Loss Maintenance; The New England Journal of Medicine, Nov. 2010, 363*

2 *William S Yancy, Marjorie Foy et al.: A low-carbohydrate, ketogenic diet to treat type 2 diabetes, Nutr Metab (Lond) 2005; 2; 34*

Low-Carb im Alltag – so gelingt es

Immer mehr Menschen befassen sich mit Low-Carb und den positiven Auswirkungen auf Gesundheit und Wohlbefinden. Der Wunsch, sich entsprechend zu ernähren und in vielfacher Hinsicht zu profitieren ist groß. Doch die wenigsten können sich anfangs vorstellen, mit sehr wenig oder vielleicht sogar ohne Brot, Nudeln, Kartoffeln oder Reis auszukommen. Das sind doch schließlich die Lebensmittel, die uns seit jeher als Sättigungsbeilagen bekannt sind. Dafür muss plötzlich nicht mehr am Fett gespart werden, obwohl es jahrelang für Übergewicht und Gefäßschäden verantwortlich gemacht wurde. Und mehr Eiweiß darf und soll es plötzlich auch sein. Kein Wunder, wenn anfänglich Zweifel aufkommen. Das ist absolut verständlich und auch völlig normal. Schließlich werden viele der bisherigen Gewohnheiten ganz schön durcheinander gewirbelt und infrage gestellt.

Allerdings werden Sie auch sehr schnell merken, dass es Ihnen mit Low-Carb an nichts fehlt und Sie sich genussvoll satt essen können, ohne Blutzucker und Stoffwechsel zu belasten oder eine Gewichtszunahme zu riskieren. Die Palette der Lebensmittel, die dafür zur Verfügung stehen, ist groß und der Speiseplan lässt sich auch ohne oder mit gering blutzuckerwirksamen Lebensmitteln äußerst abwechslungsreich gestalten. Zur Auswahl stehen sämtliche stärkearmen Gemüsesorten, Salate, Pilze, Kräuter, zuckerarme Obstarten – je bunter desto besser. Dazu gibt es Fleisch, Fisch, Eier, Käse, Quark, Joghurt, Hülsenfrüchte, Nüsse, Samen … Aus allen diesen Zutaten lassen sich köstliche Suppen, Eintöpfe, Salate, Aufläufe, Beilagen und Saucen herstellen, die das Genießerherz höher schlagen lassen.

Und wenn es doch in Richtung Brot oder Nudeln gehen soll, finden Sie im Rezeptteil etliche kohlenhydratbewusste Alternativen. Auch auf Desserts und Kuchen müssen Sie im Rahmen der Low-Carb-Ernährung nicht verzichten.

Low-Carb = teuer?

Fleisch, Fisch, gute Öle, reichlich Gemüse und Low-Carb-spezifische Produkte kosten durchaus mehr Geld als Kartoffeln, Nudeln oder Backwaren. Die Erfahrung zeigt allerdings, dass man unterm Strich bei Low-Carb meist nicht mehr Geld ausgibt als vorher. Schließlich muss es ja nicht immer Fleisch oder Fisch sein. Mit saisonalem Gemüse aus der Region lassen sich wunderbare preiswerte Gerichte zubereiten. Wer nach ausgewogenen Hauptmahlzeiten gut gesättigt vom Tisch aufsteht, braucht zudem nicht für diesen oder jenen Zwischendurchsnack in den Geldbeutel zu greifen. Der höhere Preis von Zutaten wie Mandelmehl und Xylit relativiert sich dadurch, dass sich die verwendeten Mengen im Rahmen halten und Sie lange mit einer Packung auskommen. Und statt zwei oder drei Stücke von einem normalen Kuchen zu essen, reicht von der Low-Carb-Variante meist schon ein Stückchen aus, weil die Blutzuckerachterbahn gar nicht erst in Gang gesetzt wird.

Low-Carb = zeitaufwendig(er)?

Der Zeitaufwand für die Zubereitung von Low-Carb-Mahlzeiten ist in der Regel nicht größer als der von vergleichbaren »normalen« Speisen. Für die Umsetzung der Rezepte aus diesem Buch braucht es in den meisten Fällen weniger als eine halbe Stunde. Und wenn die Gerichte im Backofen fertig gegart werden, ist Ihr zeitlicher Einsatz sogar noch geringer. So verschwinden beispielsweise die Überraschungspäckchen »ratzfatz« von Seite 104 nach einer kurzen Vorbereitungszeit im Ofen und Sie haben bis zum Essen frei. Durch Vorkochen größerer Portionen und Einfrieren haben Sie zudem etwas auf Vorrat. Bestens dafür geeignet sind z. B. Eintöpfe oder Gulaschgerichte, die in Windeseile auf dem Tisch stehen, wenn es mit dem Kochen zeitlich knapp ist. Der Zeitaufwand für Low-Carb-Brot, -Brötchen, -Kuchen und -Gebäck unterscheidet sich nicht von dem normaler Backwaren.

Low-Carb = nur noch zu Hause essen?

Was tun, wenn man nicht zu Hause essen kann und obendrein keine Zeit dafür hat, sich etwas vorzubereiten und mitzunehmen? Keine Sorge, Sie werden auch unterwegs in Sachen Low-Carb recht problemlos fündig. Der Stamm-Italiener hat neben Pizza und Pasta ja durchaus auch leckere Salate, Antipasti oder gegrillten Fisch auf der Karte, beim Griechen gibt es ebenfalls Salate oder Gegrilltes und auch der Brunch mit der Familie braucht nicht auszufallen, denn in der Regel gibt es dort viele Low-Carb-gerechte Leckereien. Selbst Fast-Food-Restaurants bieten mittlerweile Salate mit Käse, Schinken, Hühnchen oder Garnelen an. Auch wer seine Außer-Haus-Verpflegung im Supermarkt zusammenstellt, braucht keinen Kohlenhydratgau zu befürchten: Mit hart gekochten Eiern, kaltem Braten, Oliven, Gemüsesticks, Naturjoghurt oder Buttermilch, Nüssen und zuckerarmem Obst kommen Sie Low-Carb durch den Tag.

Low-Carb = keine Knabbereien mehr vorm Fernseher?

Das scheint für viele undenkbar. Okay, der Hunger zwischendurch lässt ja bei einer Low-Carb-Ernährung bekanntermaßen recht schnell nach oder verschwindet ganz. Aber was, wenn einen die Knabberlust aus purer Gewohnheit überfällt, weil es irgendwie zum Fernsehabend dazugehört? Auch hier gibt es leckere und obendrein gesunde Alternativen. Wie wäre es beispielsweise mit einem selbst gemachten Low-Carb-Knabbermix mit Mandeln, Kokoschips und Walnüssen anstelle von Chips, Erdnussflips und Co.? Nüsse haben einen geringen Kohlenhydratanteil, reichlich Eiweiß und Ballaststoffe und enthalten zudem günstige Fette. Eine Handvoll davon ist ein gutes Maß und lässt die Kalorien nicht aus dem Ruder laufen. Kauen Sie langsam und gründlich, dann begrenzt sich die Verzehrsmenge meist von selbst. Sollen es doch lieber Chips sein? Dann bereiten Sie sich diese doch aus Gemüse zu. Hobeln Sie dafür Gemüse wie Zucchini oder Karotten in dünne Scheiben, frittieren Sie diese oder marinieren Sie die Gemüsescheiben mit Öl und trocknen Sie sie dann bei niedrigen Temperaturen im Backofen.

Auch Beerenfrüchte sind für kohlenhydratarmes Naschen zwischendurch bestens geeignet. Sie enthalten wenige Kohlenhydrate und sind in den Sommermonaten in allen Farben und Geschmacksrichtungen verfügbar.

Low-Carb = für Einzelkämpfer?

Prinzipiell kann jeder nach der Low-Carb-Methode leben, auch Kinder; wenngleich normalgewichtige Kinder ohne gesundheitliche Probleme ihre Kohlenhydratmengen nicht unbedingt reduzieren müssen, vor allem wenn sie sehr aktiv sind. Aber auch dann kann es nicht schaden, den Verzehr von Süßigkeiten und stärkereichen Produkten (allen voran Fast Food) in vernünftige Bahnen zu lenken und mit einer Ernährung auf Basis von Gemüse, Obst sowie hochwertigem Eiweiß und Fett die Weichen für eine gesunde Zukunft zu stellen. Zusätzlich kann durchaus noch die eine oder andere Portion Kartoffeln, Nudeln oder Reis auf den Teller kommen. Das gilt auch für Partner, die nicht oder nicht komplett mitziehen wollen. Die Rezepte in diesem Buch sind zumeist so gestaltet, dass man sie jederzeit mit klassischen Kohlenhydratbeilagen ergänzen kann.

Einige Extras für die Low-Carb-Küche

Die Basis der Low-Carb-Ernährung bilden allseits bekannte Lebensmittel wie stärkearmes Gemüse, Salate, Pilze, zuckerarme Früchte, gute Fette und Öle, Fleisch, Fisch, Eier, Milchprodukte, Hülsenfrüchte, Nüsse und Samen. Daneben können einige weitere Produkte hilfreich sein, insbesondere dann, wenn man nach kohlenhydratbewussten Alternativen zu Brot, Nudeln, Backwaren und Desserts sucht. Einige dieser ergänzenden Low-Carb-Zutaten, von denen Ihnen manche auf den ersten Blick vielleicht ein wenig fremd erscheinen, möchte ich Ihnen nachfolgend etwas näher vorstellen.

Mandelmehl

Mandelmehl eignet sich bestens als Ersatz für Weizenmehl. Es enthält je nach Hersteller etwa 7 bis 12 Gramm Kohlenhydrate pro 100 Gramm. Im Vergleich dazu ist Weizenmehl mit seinen 72 Gramm Kohlenhydrate pro 100 Gramm eine regelrechte Kohlenhydratbombe. Mandelmehl wird häufig mit fein gemahlenen Mandeln verwechselt. Das sind jedoch zwei unterschiedliche Dinge. Mandelmehl wird aus dem Presskuchen hergestellt, der bei der Gewinnung von Mandelöl übrig bleibt. Er wird anschließend getrocknet und zu feinem Mehl vermahlen. Während gemahlene Mandeln die gleichen Inhaltsstoffe wie Mandeln enthalten, ist z. B. der Fettgehalt von Mandelmehl deutlich niedriger. Mandelmehl gibt es in einer hellen und einer dunklen Variante. Zur Herstellung des hellen Mandelmehls werden zuvor blanchierte Mandeln verwendet. Es eignet sich aus optischen Gründen besonders gut für helle Teige. Wenn das Aussehen keine Rolle spielt, kann man aber auch genauso gut das dunklere Mandelmehl verwenden. Mandelmehl ist glutenfrei. Es lässt sich übrigens nicht nur zum Backen, sondern auch zum Mehlieren von Fleisch oder Fisch verwenden.

Kokosmehl

Kokosmehl wird ähnlich wie Mandelmehl hergestellt. Das getrocknete Kokosfleisch wird gepresst. Auf diese Weise wird das Kokosöl gewonnen. Der verbleibende Pressballen wird fein gemahlen, man erhält teilentöltes Kokosmehl. Dieses ist ebenso wie Mandelmehl glutenfrei. Der prozentuale Kohlenhydratanteil von Kokosmehl kann je nach Hersteller recht unterschiedlich ausfallen, von 4 bis 26 Prozent.

Kichererbsenmehl

Kichererbsenmehl enthält auf den ersten Blick vergleichsweise viele Kohlenhydrate (etwa 43 Gramm pro 100 Gramm). Damit liegt sein Kohlenhydratanteil aber immer noch erheblich unter dem von Weizenmehl. Zudem ist ein Teil der darin enthaltenen Kohlenhydrate unverdaulich, was die Blutzuckerwirksamkeit deutlich herabsetzt. Und schlussendlich kommt es ja auch immer noch auf die verwendeten Mengen an. So brauchen Sie beispielsweise für die Herstellung von Low-Carb-Pfannkuchen (siehe Rezept Seite 100) pro Stück nur 6 Gramm Kichererbsenmehl, für eine Portion Eiernudeln (siehe Rezept Seite 113) nur 15 Gramm.

Ein wenig mehr Kichererbsenmehl braucht es dagegen für Nudeln oder Spätzle à la Low-Carb (Rezepte Seite 112 und 113). Deren Kohlenhydratgehalt erscheint zunächst recht üppig. Vergleicht man ihn jedoch mit dem von »normalen« Nudeln oder Spätzle, ist der Unterschied recht deutlich: Vergleichbare Mengen herkömmlicher Nudeln enthalten mehr als das Doppelte an Kohlenhydraten, bei Spätzle sind es sogar fast zwei Drittel. Hinzu kommt, dass bei den Low-Carb-Varianten auf Kichererbsenmehlbasis nicht alle enthaltenen Kohlenhydrate blutzuckerwirksam sind und der Blutzuckeranstieg darüber hinaus durch den Ballaststoffanteil und den vergleichsweise hohen Eiweißgehalt (etwa 20 Prozent) abgebremst wird. Außerdem kommen Nudeln und Spätzle ja auch nicht täglich auf den Tisch.

Kichererbsenmehl eignet sich übrigens auch bestens für die Herstellung von Brotteigen.

Leinsamen

Leinsamen, der Samen der Flachspflanze, eignet sich in geschroteter Form hervorragend als Zutat für die Herstellung eines Low-Carb-Brots. Sie sollten ihn jedoch nur in kleinen Mengen kaufen, da er aufgrund seines hohen Gehalts an mehrfach ungesättigten Fettsäuren sehr licht- und luftempfindlich ist und schnell ranzig wird. Das gilt nicht nur für die Samen, sondern auch für das daraus gewonnene Leinöl. Leinsamen gilt als gute pflanzliche Quelle für Omega-3-Fettsäuren, wenngleich die Ausbeute für den Organismus relativ gering ist. Darüber hinaus enthält Leinsamen größere Ballaststoffmengen sowie Kalzium, Eisen und Vitamin E. In der Naturheilkunde wird Leinsamen gerne zur Behandlung von Magenproblemen, bei Koliken und sogar bei Entzündungen im Darm angewandt.

Bindemittel

Johannisbrot- oder Guarkernmehl sind eine gute Wahl, wenn es darum geht, Saucen anzudicken oder Teige Low-Carb-gerecht zu binden.

Johannisbrotkernmehl wird aus dem Samen des Johannisbrotkernbaumes gewonnen und ist für den menschlichen Organismus weitestgehend unverdaulich, weshalb es zu den Ballaststoffen zählt. Es ist geschmacksneutral und daher sowohl bei süßen als auch bei pikanten Speisen einsetzbar. Aufgrund seiner starken Quellfähigkeit, die bei kalten Speisen etwas geringer ausfällt als bei warmen und heißen Gerichten, reichen bereits wenige Gramm (etwa ein gestrichener Teelöffel) aus, um eine gute Bindung zu erzielen.

Guarkernmehl wird aus dem Samen der Guarbohne gewonnen. Auch hier reichen geringe Mengen aus, um eine Speise zu binden. Besonders gut eignet sich Guarkernmehl für Knet- und Mürbeteige. Wie Johannisbrotkernmehl ist es glutenfrei.

Süßungsmittel Xylit und Erythrit

Xylit sieht aus wie normaler Zucker und kommt auch genauso zum Einsatz. Auch sein Geschmack ist dem des Zuckers sehr ähnlich, wenngleich Xylit einen leicht kühlen Effekt auf der Zunge erzeugt. Im Gegensatz zu Zucker beeinflusst es den Blutzuckerspiegel jedoch nicht oder allenfalls minimal. Das macht es für den Einsatz als Süßungsmittel in der Low-Carb-Ernährung entsprechend interessant. Auch hat Xylit 40 Prozent weniger Kalorien als Zucker, bei gleicher Süßkraft. Der Zuckeralkohol ist auch unter dem Namen Birkenzucker bekannt, da er ursprünglich aus Birkenholz, inzwischen jedoch vor allem aus Buchenholz oder Mais hergestellt wird. Unserem Körper ist Xylit nicht fremd, da es in einigen Gemüse- und Obstarten vorkommt und er es zudem in kleinen Mengen selbst herstellt. Aufgrund seiner antikariogenen Wirkung wird Xylit auch zur Zahnprophylaxe eingesetzt und ist daher häufig Bestandteil von Kaugummis und Zahncremes.

Mehr als 0,5 Gramm Xylit pro Kilogramm Körpergewicht können abführend wirken. Jedoch gibt es bei Xylit einen gewissen Gewöhnungseffekt, sodass der Körper im Laufe der Zeit mehr davon verträgt, ohne dass Darmprobleme zu befürchten sind. Hundebesitzer sollten Xylit und Speisen, in denen es enthalten ist, vor ihren Vierbeinern fernhalten. Es ist für Hunde sehr gesundheitsschädlich und bereits der Verzehr von fünf Gramm kann tödlich enden. Wenn Sie einen Hund haben, der gerne mal stibitzt, sollten Sie das für Hunde unbedenkliche Erythrit verwenden.

Im Gegensatz zu Xylit ist Erythrit nahezu kalorienfrei, hat aber eine um etwa 40 Prozent geringere Süßkraft. Bei der Verwendung gleicher Mengen schmecken Kuchen und Desserts also weniger süß.

Süßstoff Stevia

Die Süßkraft von Stevia ist mehr als 300-mal höher als die von Haushaltszucker. Stevia enthält jedoch keine Kalorien und hat keinen Einfluss auf den Blutzucker. Die Pflanze Stevia rebaudiana, die auch als Honig- oder Süßkraut bekannt ist, stammt ursprünglich aus Paraguay. Sie wächst während der Sommermonate (nicht winterhart) jedoch auch in unseren einheimischen Gärten und kann bis zu einem Meter hoch werden. Die Blätter können getrocknet werden und eignen sich so hervorragend zum Süßen von Tee oder Desserts. Inzwischen ist Stevia fast überall auch als Tabs, Pulver oder in flüssiger Form erhältlich, allerdings gibt es recht große Qualitätsunterschiede. (Auf Seite 31 finden Sie eine mögliche Bezugsquelle für hochwertige Steviaprodukte.) Zum Backen ist Stevia weniger geeignet, da es nicht das entsprechende Volumen mitbringt, das für viele Backwaren erforderlich ist.

Low-Carb aus Sicht einer Fitnessexpertin

Als Fitnessexpertin betreue ich seit vielen Jahren Leistungssportler, Alltagsathleten und ganz normale Menschen, die einfach fit und gesund bleiben möchten. Eine gute Mischung aus Ausdauer- und Krafttraining sorgt z.B. für einen Zuwachs an Muskelmasse und eine Steigerung des Grundumsatzes. Starke Knochen, ein intaktes Immunsystem, weniger Stress und ein Plus an Lebensfreude sind weitere positive Effekte, die auf das Konto von regelmäßiger körperlicher Betätigung gehen. Das enorme Gesundheitspotenzial von Bewegung lässt sich mit einer gesunden, ausgewogenen Low-Carb-Ernährung weiter steigern. So greifen beispielsweise aktive, gut trainierte Muskeln bei einer geringeren Kohlenhydratzufuhr auch dann verstärkt auf körpereigene Fettreserven als Energielieferant zurück, wenn die Trainingsintensität im höheren Bereich liegt, was den Abbau überflüssiger Pfunde äußerst effektiv unterstützt. Die eher begrenzten körpereigenen Kohlenhydratressourcen können hingegen für Situationen gespart werden, in denen schnelle Energie gefragt ist. Regelmäßige Bewegung und eine kohlenhydratreduzierte Ernährung wirken darüber hinaus im Doppelpack gegen Insulinresistenz, erhöhte Blutfettwerte und Bluthochdruck. Der erhöhte Eiweißanteil bei Low-Carb schützt die Muskulatur und reduziert das Risiko für Verletzungen und Infekte.

Superfood Süßlupine

Mit einer ausgewogenen Low-Carb-Ernährung ist in der Regel eine gute Eiweißversorgung gewährleistet. Wer seine Eiweißzufuhr zusätzlich mit Eiweißpräparaten aufbessern möchte, sollte auf eine sehr gute Qualität achten. Ein besonders hochwertiges Eiweiß wird aus der Süßlupine gewonnen. Deren Samen haben einen sehr hohen Eiweißgehalt, der etwa die Hälfte der Trockenmasse ausmacht. Lupineneiweiß enthält zudem alle essenziellen Aminosäuren. Im Gegensatz zu anderen Proteinquellen ist es nahezu purinfrei und wirkt basisch. Anders als Soja ist die Süßlupine nicht gentechnisch verändert und stammt aus heimischem Anbau. Auf Seite 31 finden Sie eine Bezugsquelle für ein hochwertiges Eiweißpulver auf Basis von Lupineneiweiß, das mit zwei Gramm Kohlenhydraten pro Portion perfekt in die Low-Carb-Ernährung passt und in einigen Backrezepten zum Einsatz kommt.

Barbara Klein ist staatlich geprüfte Sportphysiotherapeutin und Unternehmerin.

Hinweise und Tipps zu den Rezepten

Zeitangaben

Das komplette Buch ist auf den Alltag ausgerichtet und beinhaltet daher keine aufwendigen, zeitintensiven Rezepte. Aus diesem Grund wurde bei den Rezepten auf konkrete Zeitangaben verzichtet.

Gemüsebrühe

Häufig kommt in den Rezepten Gemüsebrühe zum Einsatz (Rezept zum Selbermachen siehe Seite 34). Alternativ können Sie auch Wasser und gekörnte Brühe verwenden. Beim Kauf sollten Sie allerdings auf eine gute Qualität achten. Mittlerweile gibt es sehr gute Produkte, die ohne Geschmacksverstärker wie Glutamat oder Hefeextrakt auskommen.

Extraportion Salat

Die meisten Rezepturen enthalten bereits Gemüse. Aber von »Grünzeug« kann man ja nie genug bekommen. Mit einer Extraportion Salat sorgen Sie für ein Plus an Vitalstoffen und senken gleichzeitig die Energiedichte (Kalorien pro 100 Gramm). Im Sinne einer guten Fettqualität sollten Sie Ihren Salat mit einem guten Öl anmachen, z. B. kalt gepresstes, natives Olivenöl, Leinöl, Walnuss- oder Mandelöl.

Alkohol

Bei verschiedenen Rezepten wird Alkohol, zumeist Weißwein, verwendet. Er dient der geschmacklichen Abrundung. Beim Ablöschen verdampft zumindest ein Teil des Alkohols, sodass vor allem die enthaltene Säure übrig bleibt. Wer dennoch lieber keinen Alkohol verwenden möchte, kann diesen auch einfach weglassen und durch eine entsprechende Menge Flüssigkeit, etwa Gemüsebrühe, ersetzen. Die leicht säuerliche Note erhalten Sie, indem Sie einen Spritzer Zitronensaft zugeben.

Öle zum Kochen und Braten

Ich habe in den Rezepten in der Regel bewusst darauf verzichtet, konkrete Angaben zu einer speziellen Ölsorten zu machen. Zu unterschiedlich sind die persönlichen Geschmacksvorlieben. Wenngleich Olivenöl für die meisten Rezepte gut geeignet ist, mag nicht jeder dessen zuweilen recht intensiven Eigengeschmack und ist daher vermutlich mit einem geschmacksneutraleren Rapsöl besser beraten. Für verschiedene Gerichte, etwa die Blumenkohlsuppe von Seite 38, das Curry-Kokos-Hühnchen von Seite 74, oder das Putencurry von Seite 84 können Sie auch hochwertiges Kokosöl verwenden. Zum Braten von Fleisch und Fisch eignen sich auch Butter- oder Schweineschmalz. Raffinierte Pflanzenöle mit einem hohen Anteil an Omega-6-Fettsäuren wie Sonnenblumen- oder Maiskeimöl sind dagegen nicht empfehlenswert. Zum Anmachen der Extraportion Salat eignen sich Öle wie Leinöl, Walnussöl oder Mandelöl.

Stevia zur geschmacklichen Abrundung

Vielleicht kennen Sie das ja auch: Häufig wird bei pikanten Gerichten eine Prise Zucker als geschmackliches Pendant zu den übrigen Zutaten und Gewürzen verwendet. Im Sinne von Low-Carb kommt bei mir zu diesem Zweck eine Prise Stevia zum Einsatz. Das betont den Geschmack der restlichen Zutaten und rundet viele Gerichte geschmacklich ab.

Verwendung von Johannisbrotkernmehl

Johannisbrotkernmehl klumpt sehr schnell. Daher muss es möglichst rasch mit einem Schneebesen eingerührt werden. Bei sehr heißen oder kochenden Flüssigkeiten empfiehlt es sich, das Johannisbrotkernmehl in einem separaten Gefäß mit etwas Flüssigkeit (Wasser, Sahne) anzurühren, bevor Sie es ans Gericht geben. Aufgrund der hohen Quellfähigkeit reicht manchmal schon ein Hauch Johannisbrotkernmehl zu viel aus, dass die Sauce oder Suppe dicker wird, als man sie haben wollte. Geben Sie in diesem Fall einfach noch ein wenig Flüssigkeit dazu, bis die gewünschte Konsistenz erreicht ist. Ist die Suppe oder Sauce zu dünn geraten, rühren Sie noch etwas Johannisbrotkernmehl in Flüssigkeit an.

Einsatz von Dinkelmehl

In einigen Rezepten wird etwas Dinkelmehl verwendet. Jedoch sind die Mengen sehr gering und wirken sich deshalb auch vergleichsweise wenig auf den Blutzuckerspiegel aus. Im Vergleich zu Weizenmehl hat Dinkelmehl einen minimal geringeren Kohlenhydratanteil und – weil (bislang) noch nicht so hochgezüchtet wie Weizen – einen niedrigeren Glutengehalt. Darüber hinaus enthält Dinkelmehl mehr Eiweiß, Vitamine und Mineralstoffe.

Xylit

Bei den Dessert- und Backrezepten sind die Mengen an Xylit so gewählt, dass es allen Familienmitgliedern, auch den Kindern, schmeckt. Wer weniger Xylit verwenden möchte, kann bei den Desserts nach seinem persönlichen Geschmack reduzieren oder auch ganz darauf verzichten. Auch bei den Backrezepten ist eine teilweise Reduzierung möglich. Sie sollte jedoch nicht zu stark ausfallen, da ein gewisses Volumen für ein gutes Gelingen erforderlich ist.

Puderzucker aus Xylit lässt sich im Küchenmixer hervorragend selbst herstellen. Das spart Geld und Sie brauchen keine weitere Extrazutat.

Backrezepte

Die Backrezepte (Ausnahme: Muffins) sind für eine 18-cm-Springform ausgelegt. Selbstverständlich können Sie auch eine große Springform (26 cm) zum Backen verwenden. Verdoppeln Sie hierfür einfach die angegebenen Zutaten. Dadurch ändert sich allerdings die Backzeit und Sie sollten die Stäbchenprobe anwenden, um zu ermitteln, wann der Kuchen fertig ist.

Quark

Im Handel sind verschiedene Arten von Quark erhältlich. Bei den Rezepten wurde Quark verwendet, der von seiner Konsistenz relativ trocken ist. Bei zu nassem Quark kann es passieren, dass der Teig zu flüssig wird und nicht richtig abbindet.

Hinweis zu den Nährwertangaben unter den Rezepten

Die Nährwertangaben unter den Rezepten dienen Ihrer ungefähren Orientierung. Je nach verwendetem Produkt (z. B. bei Mandel- oder Kokosmehl), aber auch bei anderen Lebensmitteln können die Inhaltsstoffe variieren. Beim Kokosmehl wurden als Berechnungsgrundlage die Nährstoffangaben einer Sorte mit 4 g KH/100 g verwendet. Sollten Sie sich für ein Kokosmehl mit höherem KH-Anteil (z. B. 22 g KH/100 g) entscheiden, erhöht sich dadurch auch der Gesamtkohlenhydratgehalt der Rezeptur, ebenso der prozentuale Kohlenhydratanteil. Der Zuckeralkoholgehalt von Xylit wird nicht – wie meist üblich – zusammen mit den anderen Kohlenhydraten angegeben, sondern separat aufgeführt, da er nicht blutzuckerwirksam ist und auch im Rahmen einer Diabetesernährung nicht berücksichtigt/berechnet werden muss.

Bezugsquellen

Lupinenshake für die Rezepte von Seite 146 und Seite 153 sowie Stevia erhalten Sie über das Internet bei www.nutralinea.de.

Spezielle Low-Carb-Zutaten in guter Qualität erhalten Sie beispielsweise via Internet bei www.panifactum.de.

Gemüsebrühe

1 große Zwiebel
1 Knoblauchzehe
1 EL Olivenöl
150 g Möhren
150 g Sellerie
150 g Lauch
etwa 2 l Wasser
1 TL Salz

Die Zwiebel schälen und in Ringe schneiden. Den Knoblauch schälen und in Stücke schneiden. Das Olivenöl in einem Topf erhitzen und die Zwiebeln mit dem Knoblauch darin etwa 5 Minuten dünsten.

Die Möhren waschen und in grobe Stücke schneiden. Den Sellerie schälen und ebenfalls in grobe Stücke schneiden. Den Lauch waschen und in Ringe schneiden. Das Gemüse zu den Zwiebeln geben und für etwa 10 Minuten mitdünsten.

Anschließend alles mit dem Wasser aufgießen und für etwa 30 Minuten leicht köcheln lassen. Das Gemüse in ein Sieb abgießen und die Gemüsebrühe auffangen. Nach Geschmack mit Salz würzen.

Tipp: Bereiten Sie gleich eine größere Menge an Gemüsebrühe vor und frieren Sie diese portionsweise ein.

Blitzschnelle Gemüsesuppe

Für 4 Portionen

300 g Gemüsemix (TK)
1 l Gemüsebrühe
250 g Rinderhack
1 kleines Ei (bei einem großen Ei nur die Hälfte nehmen)
½ Bund Schnittlauch
Salz, Pfeffer, Paprika

1 Portion (ca. 405 g): 210 kcal, 15,7 g Eiweiß (30,3 E%), 14,8 g Fett (63,3 E%), 3,3 g Kohlenhydrate (6,4 E%)

Den Gemüsemix in einen Topf geben, mit der Gemüsebrühe übergießen und etwa 8 Minuten kochen lassen.

Das Hackfleisch in eine Schüssel geben. Das Ei aufschlagen, verquirlen und mit dem Fleisch vermischen. Nach Geschmack mit Salz, Pfeffer und Paprika würzen.

Aus der Fleischmasse mit den Händen kleine Bällchen formen (Masse ist sehr nass!) und in die kochende Suppe geben. Anschließend für etwa 5 Minuten gar ziehen lassen.

Den Schnittlauch waschen und in kleine Röllchen schneiden. Etwas davon in jeden Teller geben und mit der heißen Suppe übergießen.

Bohnensuppe mit Rindfleisch

Für 4 Portionen

300 g Suppenfleisch vom Rind
1 l Wasser
1 Bund Suppengemüse (etwa 200 g)
(alternativ 1 l Wasser und gekörnte Brühe)
1 EL Öl
1 kleine Zwiebel
1 Knoblauchzehe
1 gehäufter EL Tomatenmark
300 g grüne Bohnen (TK)
200 g weiße Bohnen (Dose, tafelfertig)
Salz, Pfeffer

1 Portion (ca. 380 g): 225 kcal, 23,8 g Eiweiß (42,9 E%), 7,3 g Fett (28,2 E%), 15,6 g Kohlenhydrate (28,9 E%)

Das Suppenfleisch in das kalte Wasser legen. Suppengemüse putzen, klein schneiden und zugeben. Alles aufkochen und anschließend etwa 45 Minuten simmern lassen. Dann das Fleisch herausnehmen, abkühlen lassen und in kleine Würfel schneiden. Das Suppengemüse ebenfalls herausnehmen und beiseitestellen.

Das Öl in einem zweiten Topf erhitzen. Die Zwiebel schälen, in kleine Würfel schneiden und etwa 3 Minuten im heißen Öl dünsten. Nun den Knoblauch schälen und zu den Zwiebeln pressen. Tomatenmark zugeben und beides kurz mit anrösten.

Die grünen Bohnen zugeben und das Ganze mit etwa 500 ml der Fleischbrühe aufgießen. Die Bohnen 5 Minuten kochen lassen. Anschließend die weißen Bohnen zufügen und alles noch mal etwa 3 Minuten weiterkochen. Zum Schluss mit Salz und Pfeffer abschmecken.

Einige Fleischwürfel und nach Geschmack etwas von dem Suppengemüse in einen Suppenteller geben und mit der heißen Suppe übergießen.

Blumenkohlsuppe

Für 4 Portionen

450 g frische Blumenkohlröschen (alternativ TK)
etwas Salz für das Kochwasser
1 mittelgroße Zwiebel
2 EL Öl
750 ml Blumenkohlkochwasser
100 ml Sahne
1 leicht gehäufter TL Johannisbrotkernmehl
50 g Schmelzkäse (Sorte Sahne)
Salz, Chili, Stevia, evtl. etwas gekörnte Brühe

1 Portion (ca. 360 g): 190 kcal, 5,2 g Eiweiß (11 E%), 17,1 g Fett (79,9 E%), 4,3 g Kohlenhydrate (9,1 E%)

Die Blumenkohlröschen in kochendem Salzwasser bissfest kochen. In ein Sieb abgießen. Dabei 750 ml des Kochwassers auffangen. Den Blumenkohl beiseitestellen.

Die Zwiebel schälen und in kleine Würfel schneiden. Das Öl in einem Topf erhitzen und die Zwiebel darin für etwa 5 Minuten dünsten.

Anschließend mit dem Blumenkohlkochwasser und der Sahne aufgießen. Dann sofort das Johannisbrotkernmehl sorgfältig mit einem Schneebesen unterrühren.

Alles kurz aufkochen lassen und den Blumenkohl zugeben. Dann die Suppe entweder mit einem Pürierstab oder im Standmixer fein mixen.

Die pürierte Suppe noch mal kurz aufkochen, den Schmelzkäse zugeben und in der heißen Suppe schmelzen lassen. Nach Geschmack mit Salz, Chili, einer Prise Stevia und eventuell etwas gekörnter Brühe würzen.

Info: Bei diesem Rezept ist die Flüssigkeitsmenge variabel, je nachdem, welche Konsistenz die Suppe haben soll.

Tipp: Als Variation können Sie 100 g gekochten Schinken in Würfel schneiden und kurz vor dem Servieren in die Suppe geben.

Champignoncremesuppe

Für 4 Portionen

250 g frische Champignons
1 EL Öl
1 mittelgroße Zwiebel
600 ml Gemüsebrühe
75 ml Sahne
1 leicht gehäufter TL Johannisbrotkernmehl
etwas frisch gehackte Petersilie
1 EL Sherry
Salz, Pfeffer

1 Portion (ca. 255 g): 130 kcal, 3,6 g Eiweiß (11 E%), 11,4 g Fett (79,2 E%), 2,5 g Kohlenhydrate (7,7 E%), 0,4 g Alkohol (2,1 E%)

Die Champignons putzen, in Scheiben schneiden und beiseitestellen.

Das Öl in einem beschichteten Topf erhitzen. Die Zwiebel schälen, würfeln und hinzufügen. Bei kleiner Stufe 5 Minuten dünsten.

Nun die vorbereiteten Champignons zugeben, den Deckel auf den Topf geben und alles für 5 Minuten bei mittlerer Stufe weiterdünsten. Dabei gelegentlich umrühren, es bildet sich etwas Flüssigkeit von den Pilzen. Anschließend den Herd hoch schalten und unter gelegentlichem Umrühren das Ganze ohne Deckel für weitere 5 Minuten dünsten, damit die Flüssigkeit verdampft.

Anschließend mit der Gemüsebrühe und der Sahne ablöschen und sofort mit einem Schneebesen das Johannisbrotkernmehl klümpchenfrei unterrühren.

Das Ganze aufkochen und bei geringer Hitze etwa 10 Minuten ganz leicht köcheln lassen. Dabei alles gelegentlich umrühren.

Zum Schluss nach Geschmack mit Salz und Pfeffer würzen, die gehackte Petersilie zugeben und die Suppe mit etwas Sherry verfeinern.

Cremige Zwiebelsuppe

Für 4 Portionen

400 g Zwiebeln
1 Knoblauchzehe
1 rote Paprikaschote
1 EL Öl
50 ml Weißwein
750 ml Gemüsebrühe
1 leicht gehäufter TL Johannisbrotkernmehl
50 ml Sahne
75 g Schmelzkäse (Sorte Sahne)
etwas gehackte Petersilie
Salz, Chili

1 Portion (ca.365 g): 210 kcal, 4,9 g Eiweiß (9,5 E%),16 g Fett (69,2 E%), 9,2 g Kohlenhydrate (17,8 E%), 1,1 g Alkohol (3,5 E%)

Die Zwiebeln schälen und in Ringe schneiden.

Die Knoblauchzehe schälen. Die Paprikaschote halbieren, entkernen, waschen und in kleine Würfel schneiden.

Das Öl in einem Topf erhitzen. Die Zwiebeln zugeben und bei mittlerer Hitze 5 Minuten dünsten.

Den Knoblauch pressen und zusammen mit den Paprikawürfeln zugeben.

Alles weitere 5 Minuten dünsten.

Mit dem Weißwein ablöschen. Kurz kochen lassen, damit der Alkohol etwas verdampfen kann.

Anschließend mit der Gemüsebrühe auffüllen und sofort das Johannisbrotkernmehl mit einem Schneebesen unterrühren, um die Suppe etwas abzubinden.

Alles aufkochen und für etwa 10 Minuten vor sich hin köcheln lassen.

Sahne und Schmelzkäse zugeben und letzteren in der heißen Suppe schmelzen lassen.

Petersilie zugeben und die Suppe nach Geschmack mit Salz und Chili würzen.

Tipp: Zur Suppe schmecken die Brotmuffins von Seite 164.

Käse-Kräuter-Suppe

Für 4 Portionen

150 g frische Champignons
150 g Lauch (geputzt gewogen)
1 mittelgroße Zwiebel
1 EL Öl
3 EL Weißwein
750 ml Gemüsebrühe
150 ml Sahne
1 gehäufter TL Johannisbrotkernmehl
75 g Schmelzkäse (Sorte Sahne)
1 gehäufter EL 8-Kräuter-Mischung (TK)
Salz, Pfeffer, Stevia

1 Portion (ca. 345 g): 235 kcal, 7 g Eiweiß (12,1 E%), 20 g Fett (76 E%), 5,9 g Kohlenhydrate (10,1 E%), 0,6 g Alkohol (1,8 E%)

Die Champignons putzen und in Scheiben schneiden. Den Lauch küchenfertig vorbereiten, waschen und in Ringe schneiden.

Die Zwiebel schälen und in kleine Würfel schneiden. Das Öl in einem Topf erhitzen und die Zwiebelwürfel für etwa 5 Minuten darin andünsten. Nun die Lauchringe dazugeben und kurz mit andünsten. Die vorbereiteten Champignons ebenfalls zugeben und für weitere 5 Minuten mitdünsten.

Alles mit Weißwein ablöschen und auf großer Hitze kurz kochen lassen, damit der Alkohol etwas verdampfen kann.

Anschließend mit der Gemüsebrühe und der Sahne aufgießen und sofort das Johannisbrotkernmehl klümpchenfrei unterrühren.

Alles kurz aufkochen und für etwa 10 Minuten simmern lassen.

Den Schmelzkäse zugeben und in der heißen Suppe schmelzen lassen.

Zum Schluss die Kräuter zugeben und die Suppe nach Geschmack mit Salz, Pfeffer und einer Prise Stevia würzen.

Tipp: Die Suppe lässt sich mit gekochtem Schinken verfeinern. Diesen in Würfel schneiden und kurz in der Suppe erhitzen.

Kräuterflädlesuppe

Für 4 Portionen

3 Eier (Größe L)
75 g Frischkäse (Sorte Kräuter)
50 ml Milch (3,5 % Fett)
1 leicht gehäufter TL Johannisbrotkernmehl
30 g Kichererbsenmehl
etwas frisch gehackte Petersilie, Schnittlauch oder andere Kräuter nach Geschmack
1 EL Olivenöl
1,5 l Gemüsebrühe (alternativ Fleisch- oder Hühnerbrühe)
1 Karotte
Salz, Muskat

1 Portion (ca. 485 g): 225 kcal, 8,8 g Eiweiß (15,9 E%), 18,7 g Fett (75,2 E%), 4,9 g Kohlenhydrate (8,9 E%)

Die Eier mit dem Frischkäse in eine Schüssel geben und mit einem Schneebesen verrühren. Die Milch unterrühren.

Anschließend das Johannisbrotkernmehl und das Kichererbsenmehl darübersieben und ebenfalls unterrühren.

Nach Geschmack Kräuter und Gewürze zugeben.

In einer beschichteten Pfanne etwas von dem Olivenöl erhitzen. Dann einen Teil des Teigs hineingeben und bei mittlerer Hitze von beiden Seiten Pfannkuchen braten. Das Ganze wiederholen, bis der Teig aufgebraucht ist.

Die ausgekühlten Flädle aufrollen, in feine Streifen schneiden und auf Suppenteller verteilen.

Die Gemüsebrühe erhitzen. Die Karotte schälen, raspeln und in der Brühe gar ziehen lassen. Die heiße Suppe über die Flädle geben.

Tipps: Sie können die Flädle auch ganz lassen, mit gekochtem Gemüse füllen, aufrollen und als Wrap genießen.

Die Kräuterflädle lassen sich geschnitten gut portionsweise einfrieren.

Lauchsuppe mit Schinken

Für 3 Portionen

150 g Lauch
1 mittlere Zwiebel
125 g gekochter Schinken
1 EL Öl
600 ml Gemüsebrühe
1 leicht gehäufter TL Johannisbrotkernmehl
100 ml Sahne
75 g Schmelzkäse (Sorte Sahne)
Salz, Chili, etwas gekörnte Brühe

1 Portion (ca. 275 g): 300 kcal, 13,5 g Eiweiß (18,2 E%), 25 g Fett (74,5 E%), 5,4 g Kohlenhydrate (7,3 E%)

Den Lauch putzen, waschen und in feine Ringe schneiden. Die Zwiebel schälen und in Würfel schneiden. Den Schinken würfeln und beiseitestellen.

Das Öl in einem Topf erhitzen. Lauchringe und Zwiebelwürfel darin für 5 Minuten dünsten.

Mit der Gemüsebrühe aufgießen und sofort das Johannisbrotkernmehl klümpchenfrei unterrühren.

Alles für etwa 10 Minuten ganz leicht köcheln lassen. Sahne und den Schmelzkäse zugeben und den Käse in der heißen Suppe zerlaufen lassen.

Die Suppe nach Geschmack mit Salz, Chili und etwas gekörnter Brühe würzen. Den vorbereiteten Schinken zugeben.

Linsen-Gemüse-Topf

Für 4 Portionen

1 mittelgroße Zwiebel
1 EL Öl
1 Knoblauchzehe
125 g Tellerlinsen (trocken)
750 ml Gemüsebrühe
250 g Karotten
200 g stückige Tomaten (Dose)
1 Schuss Essig
2 Paar Wiener Würstchen
Salz

1 Portion (ca. 400 g): 340 kcal, 16,8 g Eiweiß (20 E%), 20,5 g Fett (54,2 E%), 21,6 g Kohlenhydrate (25,8 E%)

Die Zwiebel schälen und in Würfel schneiden. Anschließend für etwa 5 Minuten in einem Topf mit dem Öl auf mittlerer Hitze dünsten. Gegen Ende die Knoblauchzehe schälen, pressen und zugeben.

Nun die Tellerlinsen zufügen und das Ganze mit der Gemüsebrühe ablöschen. Etwa 10 Minuten kochen lassen.

In der Zwischenzeit die Karotten waschen, putzen und in kleine Würfel schneiden. Nachdem die Linsen 10 Minuten gekocht haben, die Karottenwürfel und die stückigen Tomaten dazugeben.

Nun den Eintopf 30 Minuten weiterkochen lassen. (Die Kochzeit kann je nach Linsensorte etwas variieren.)

Zum Schluss den Eintopf mit einem Schuss Essig verfeinern und nach Geschmack mit etwas Salz abschmecken.

Die Wiener Würstchen in den Eintopf legen und heiß werden lassen. Dabei den Eintopf nicht mehr kochen lassen.

Info: Linsen enthalten vergleichsweise viele Kohlenhydrate. Aufgrund des hohen Ballaststoffanteils und eines großen Anteils resistenter Stärke lassen sie den Blutzuckerspiegel jedoch nur gering ansteigen. Zudem sind sie ein wertvoller Lieferant für Eiweiß, Vitamine und Mineralstoffe.

Möhren-Kokos-Suppe »scharf«

Für 3 Portionen

1 große Zwiebel
400 g Karotten
1 EL Öl
2 Knoblauchzehen
500 ml Gemüsebrühe
1 gestrichener TL Johannisbrotkernmehl
200 ml Kokosmilch
etwas Zitronensaft
Salz, Chili, Stevia

1 Portion (ca. 380 g): 225 kcal, 3 g Eiweiß (5,3 E%), 18,1 g Fett (73,2 E%), 12,1 g Kohlenhydrate (21,5 E%)

Zwiebel schälen und in kleine Würfel schneiden. Die Karotten schälen und in dünne Scheiben schneiden.

Das Öl in einem Topf heiß werden lassen. Die Zwiebelwürfel darin etwa 5 Minuten andünsten. Den Knoblauch schälen, pressen, zugeben und kurz mit andünsten. Dann die Karotten hinzufügen und ebenfalls kurz mitdünsten.

Das Ganze mit der Gemüsebrühe ablöschen und sofort das Johannisbrotkernmehl klümpfchenfrei unterrühren. Anschließend alles aufkochen und dann für etwa 10 Minuten weiterkochen lassen.

Dann die Suppe mit einem Stabmixer oder in einem Standmixer pürieren.

Zum Schluss die Kokosmilch zugeben und alles noch mals kurz aufkochen lassen. Nach Geschmack mit etwas Zitronensaft, Salz, Chili und einer Prise Stevia würzen. Die Suppe darf gerne recht scharf abgeschmeckt werden.

Tipp: Als Einlage passen gebratene Hühnerbruststreifen oder Garnelen.

Petersiliensuppe

Für 3 Portionen

1 großer Bund krause Petersilie
2 mittelgroße Zwiebeln
1 EL Öl
3 EL Weißwein
750 ml Gemüsebrühe
1 leicht gehäufter TL Johannisbrotkernmehl
50 g Schmelzkäse (Sorte Sahne)
Salz, Pfeffer

1 Portion (ca. 330 g): 155 kcal, 3,6 g Eiweiß (9,4 E%), 13,1 g Fett (76 E%), 4,2 g Kohlenhydrate (10,9 E%), 0,9 g Alkohol (3,7 E%)

Die Petersilie abzupfen, waschen und hacken. Die Zwiebeln schälen und in kleine Würfel schneiden.

Das Öl in einem Topf erhitzen und die Zwiebelwürfel für 5 Minuten bei mittlerer Hitze glasig dünsten. Nun die gehackte Petersilie zugeben und für 5 Minuten mitdünsten.

Anschließend das Ganze mit dem Weißwein ablöschen und kurz aufkochen lassen, damit der Alkohol etwas verdampfen kann. Dann die Gemüsebrühe angießen, den Topf kurz von der Herdplatte nehmen und sofort das Johannisbrotkernmehl klümpchenfrei unterrühren.

Den Topf zurück auf die Herdplatte stellen, alles aufkochen und anschließend für 10 Minuten leicht köcheln lassen. Zum Schluss den Schmelzkäse in die Suppe geben, schmelzen lassen und alles nach Geschmack mit Salz und Pfeffer würzen.

Tipp: Wer mag, kann Wiener Würstchen oder Debrecziner zur Suppe geben.

Info: Diese Suppe ist einfach zu kochen und dennoch super lecker und gesund. Das Originalrezept ist schon mehr als 50 Jahre alt und wird normalerweise mit einer klassischen Mehlschwitze gemacht. Sie lässt sich aber auch in einer Low-Carb-Variante zubereiten.

Pikante Krautsuppe

Für 4 Portionen

1 rote Paprikaschote
1 EL Öl
1 Dose Sauerkraut (Abtropfgewicht 350 g)
20 g Tomatenmark
750 ml Gemüsebrühe
2 Paar Debrecziner
Salz, Chili, Stevia

1 Portion (ca. 385 g): 305 kcal, 12,3 g Eiweiß (16,3 E%), 26 g Fett (78,1 E%), 4,2 g Kohlenhydrate (5,6 E%)

Die Paprikaschote halbieren, entkernen, waschen und in kleine Würfel schneiden.

Das Öl in einem Topf erhitzen und die Paprikawürfel darin für etwa 5 Minuten dünsten.

Das Sauerkraut hinzufügen und kurz mit andünsten.

Dann das Tomatenmark unterrühren und alles mit der Gemüsebrühe ablöschen

Die Suppe für etwa 30 Minuten köcheln lassen und nach Geschmack mit Salz, Chili und einer Prise Stevia würzen.

Die Debrecziner in die Suppe geben und heiß werden lassen.

Tipp: Für dieses Rezept eignet sich am besten Sauerkraut aus der Dose. Es ist bereits vorgekocht und macht die Suppe leichter verdaulich.

Spargelcremesuppe

Für 3 Portionen

200 g weißer Spargel
½ TL Salz
700 ml Spargelsud
1 stark gehäufter TL Johannisbrotkernmehl
100 ml Sahne
1 Eigelb (von 1 Ei Größe L)
etwas gehackte Petersilie
Salz, gekörnte Brühe, Chili, Stevia

1 Portion (ca. 335 g): 140 kcal, 3,3 g Eiweiß (9,4 E%), 13,3 g Fett (83,6 E%), 2,5 g Kohlenhydrate (7 E%)

Den Spargel schälen. Anschließend in Salzwasser bissfest kochen. Beim Abgießen den Kochsud auffangen und 700 ml davon beiseitestellen.

Den gekochten Spargel in mundgerechte Stücke schneiden.

Den Spargelsud etwas abkühlen lassen und in einen Topf geben. Das Johannisbrotkernmehl mit einem Schneebesen klümpchenfrei unterrühren. (Sollte der Sud noch heiß sein, muss das Johannisbrotkernmehl in einem separaten Gefäß vorher mit etwas Wasser angerührt werden.)

Sahne zugeben, zunächst alles aufkochen und dann für 2 Minuten leicht köcheln lassen. Nun die Spargelstücke zugeben.

Den Topf von der Herdplatte nehmen und das Eigelb vorsichtig unterrühren. Die Suppe darf dabei nicht mehr kochen.

Petersilie zugeben und Suppe nach Geschmack mit Salz, gekörnter Brühe, Chili und einer Prise Stevia würzen.

Tomatensuppe

Für 3 Portionen

1 EL Öl
1 mittelgroße Zwiebel
1 Knoblauchzehe
1 EL Weißwein
400 g gehackte Tomaten (Dose)
500 ml Gemüsebrühe
2 gestrichene TL Johannisbrotkernmehl
75 g Frischkäse (Sorte Kräuter)
etwas frisch gehackte Petersilie
Salz, Chili, Stevia

1 Portion (ca. 360 g): 150 kcal, 3,6 g Eiweiß (9,9 E%), 12,4 g Fett (75 E%), 5 g Kohlenhydrate (13,8 E%), 0,3 g Alkohol (1,3 E%)

Das Öl in einem Topf erhitzen. Die Zwiebel schälen, in kleine Würfel schneiden, hineingeben und 5 Minuten auf kleiner Hitze dünsten. Den Knoblauch schälen, pressen und zufügen.

Zunächst den Weißwein und dann die gehackten Tomaten zufügen. Diese dann im Topf noch mal stampfen. (Wer größere Stücke mag, braucht nicht zu stampfen.)

Die Gemüsebrühe zugeben und anschließend sofort das Johannisbrotkernmehl mit einem Schneebesen klümpchenfrei unterrühren.

Alles zunächst aufkochen und dann bei kleiner Hitze 15 Minuten leicht köcheln lassen.

Anschließend den Frischkäse unterrühren und in der heißen Suppe schmelzen lassen.

Alles nach Geschmack mit Salz, Chili und einer Prise Stevia würzen und zum Schluss die Petersilie zugeben.

Tipp: Wer mag, kann klein geschnittene Debrecziner zur Suppe geben.

Bayrisch Kraut mit Weißwurst

Für 2 Portionen

1 EL Öl
1 mittelgroße Zwiebel
1 gestrichener EL Xylit
1 kleiner Apfel
450 g Weißkohl
150 ml Gemüsebrühe
2 Paar Weißwürste
1 EL Olivenöl
Salz, Kümmel, evtl. 1 Schuss Apfelessig

1 Portion (ca. 525 g): 675 kcal, 22 g Eiweiß (12,9 E%), 55,4 g Fett (73,8 E%), 21,2 g Kohlenhydrate (12,4 E%), enthält zudem 2,5 g Zuckeralkohol (0,9 E%)

Das Öl in einem Topf erhitzen. Die Zwiebel schälen, in Würfel schneiden und bei kleiner Hitze 5 Minuten im heißen Öl dünsten. Xylit zugeben und kurz karamellisieren lassen.

Den Apfel waschen und schälen. Anschließend auf einer Kronenreibe rundherum abreiben, bis nur noch das Kerngehäuse übrig bleibt. Alles zugeben und kurz mitdünsten.

Den Weißkohl in kleine Stückchen (Fleckerl) schneiden und in den Topf geben. Mit der Gemüsebrühe ablöschen und alles etwa 45 Minuten köcheln lassen. Das fertige Kraut nach Geschmack mit Salz und Kümmel würzen. Eventuell noch einen Schuss Apfelessig zugeben.

Wasser für die Weißwürste zum Kochen bringen und den Topf dann von der Herdplatte nehmen. Die Weißwürste für 10 Minuten in dem heißen Wasser ziehen lassen und anschließend pellen.

Das Olivenöl in einer beschichteten Pfanne erhitzen. Die Weißwürste in Scheiben schneiden und von beiden Seiten braun anbraten.

Tipp: Das Kraut lässt sich fertig geschnitten gut im rohen Zustand einfrieren.

Blumenkohl in Schinken-Sahne-Sauce

Für 2 Portionen

400 g Blumenkohlröschen (TK)
1 EL Öl
1 kleine Zwiebel
2 EL Weißwein
50 ml Sahne
1 leicht gehäufter TL Johannisbrotkernmehl
75 g Schmelzkäse (Sorte Kräuter)
100 g gekochter Schinken
Salz, Chili, Stevia,
evtl. etwas gekörnte Brühe

1 Portion (ca. 600 g): 330 kcal, 20,9 g Eiweiß (25,6 E%), 22,3 g Fett (60,5 E%), 10 g Kohlenhydrate (12,2 E%), 0,9 g Alkohol (1,7 E%)

Die Blumenkohlröschen in kochendem Salzwasser für etwa 10 Minuten bissfest kochen. Die Röschen in ein Sieb abgießen. Dabei 500 ml von dem Blumenkohlwasser auffangen und beiseitestellen.

Das Öl in einem Topf erhitzen. Die Zwiebel schälen und in feine Würfel schneiden. Anschließend im heißen Öl für etwa 5 Minuten glasig dünsten.

Mit dem Weißwein ablöschen und den Alkohol kurz etwas verdampfen lassen. Das Blumenkohlwasser und die Sahne zugießen und sofort das Johannisbrotkernmehl klümpchenfrei unterrühren.

Alles langsam aufkochen lassen. Den Schmelzkäse zugeben und in der heißen Sauce schmelzen lassen. Nun alles nach Geschmack mit Salz, Chili und einer Prise Stevia würzen. Die Blumenkohlröschen wieder zugeben und in der Sauce heiß werden lassen. Den Schinken in Würfel schneiden und kurz vor dem Servieren zugeben.

Tipp: Alternativ kann man das Rezept auch mit Rosenkohl oder Kohlrabi zubereiten.

Filetstreifen mit Zwiebeln und Gemüse

Für 2 Portionen

250 g Rinderfilet (alternativ Schweinefilet)
200 g Karotten
2 kleine rote Paprikaschoten
1 mittelgroße Zwiebel
2 EL Öl
1 Knoblauchzehe
5 EL Sojasauce
50 ml Wasser
Salz, Paprika, Curry, Stevia

1 Portion (ca. 400 g): 335 kcal, 31,2 g Eiweiß (38 E%), 15,7 g Fett (42,4 E%), 16,1 g Kohlenhydrate (19,6 E%)

Das Filet in Streifen schneiden. Karotten putzen, waschen und in dünne Scheiben schneiden. Die Paprikaschoten halbieren, entkernen, waschen und in Streifen schneiden. Die Zwiebel schälen und in Ringe schneiden.

Das Öl in einer Pfanne erhitzen und das Fleisch kurz scharf anbraten. Anschließend die Fleischstreifen aus der Pfanne nehmen und beiseitestellen.

Die Zwiebeln in die Pfanne geben und etwa 5 Minuten glasig dünsten. Karotten und Paprika zugeben und alles für weitere 5 Minuten dünsten. Den Knoblauch schälen, pressen, zugeben und kurz mit andünsten.

Das Ganze mit der Sojasauce und dem Wasser ablöschen. Alles mit geschlossenem Deckel noch mal für etwa 5 Minuten köcheln lassen. Das Gemüse sollte noch bissfest sein. Nun das Fleisch wieder zugeben und alles mit Salz, Paprika, Curry und einer Prise Stevia abschmecken.

Info: Für die Zubereitung kann anstatt Öl auch Butterschmalz verwendet werden, da es sich besonders gut zum scharfen Anbraten eignet.

Bratwurst mit Rotkohl

Für 3 Portionen

1 Glas Rotkohl (Abtropfgewicht 650 g)
250 ml Wasser
1 Beutel Glühfix
(alternativ etwas Glühwein)
2 Paar grobe Bratwürste (roh)
1 EL Öl
Salz, Stevia

1 Portion (ca. 600 g): 360 kcal, 18,1 g Eiweiß (20,3 E%), 29,3 g Fett (73 E%), 6 g Kohlenhydrate (6,7 E%)

Den Rotkohl mit dem Wasser in einen Topf geben. Kurz aufkochen lassen. Das Glühfix hinzugeben und das Ganze mit geschlossenem Deckel etwa 30 Minuten kochen lassen.

Anschließend das Glühfix herausnehmen und den Rotkohl noch mal für mindestens 20 Minuten weiterkochen lassen. Gegen Ende nach Geschmack mit Salz und einer Prise Stevia würzen.

Für die Bratwürste in einem Topf Wasser zum Kochen bringen. Anschließend den Topf von der Herdplatte nehmen und die Bratwürste für 10 Minuten hineinlegen. Danach herausnehmen und kurz mit Küchenkrepp abtupfen.

Das Öl in einer Pfanne erhitzen und die Bratwürste darin kurz von beiden Seiten braten, bis sie eine schöne Farbe haben.

Fleischbällchen in Paprikasalsa

Für 3 Portionen

1 rote Paprikaschote
1 gelbe Paprikaschote
1 mittelgroße Zwiebel
1 EL Öl
1 Knoblauchzehe
2 EL Tomatenmark
2 EL zuckerfreies Ketchup
500 ml Gemüsebrühe
2 gestrichener TL Johannisbrotkernmehl
250 g gemischtes Hackfleisch (alternativ Rinderhackfleisch)
1 kleine Zwiebel
1 TL Senf
etwas gehackte Petersilie
75 g Essiggurken (mit Stevia)
Salz, Pfeffer, Paprika

1 Portion (ca. 430 g): 325 kcal, 19,2 g Eiweiß (23,8 E%), 22,5 g Fett (63,2 E%), 10,5 g Kohlenhydrate (13 E%)

Die Paprikaschoten halbieren, nach dem Entfernen der Kerne waschen und anschließend in dünne Streifen schneiden. Die Zwiebel schälen und in Ringe schneiden.

Das Öl in einer höheren Pfanne erhitzen. Die Zwiebeln und die Paprikastreifen zufügen und bei mittlerer Hitze 5 Minuten dünsten.

Nun den geschälten Knoblauch hineinpressen, das Tomatenmark und das Ketchup zugeben und alles bei hoher Hitze kurz mit anrösten.

Mit der Gemüsebrühe ablöschen und sofort 1 TL Johannisbrotkernmehl mit einem Schneebesen unterrühren. Alles kurz aufkochen und dann ohne Deckel für etwa 10 Minuten einkochen lassen.

In der Zwischenzeit das Hackfleisch in eine Schüssel geben. Die kleine Zwiebel schälen, in kleine Würfel schneiden und zum Hackfleisch geben. Senf, Petersilie sowie Salz, Pfeffer und Paprika nach Geschmack zugeben und alles vermischen. Nun das restliche Johannisbrotkernmehl unterkneten und aus der Fleischmasse kleine Bällchen formen.

Die Essiggurken in feine Würfel schneiden und in die Sauce geben. Die Fleischbällchen hineinlegen. Den Deckel auf die Pfanne legen und das Fleisch etwa 10 Minuten gar ziehen lassen.

Fleischkäse mediterran »scharf«

Für 2 Portionen

200 g Fleischkäse
(in ca. 1 cm dicken Scheiben)
1 EL Öl
1 rote Paprikaschote
1 mittelgroße Zwiebel
1 Knoblauchzehe
100 ml Sahne
50 ml Wasser
50 g Brotaufstrich Brunch (Sorte Peperoni)
100 g Cocktailtomaten
100 g mit Paprikapaste gefüllte Oliven (Glas, Abtropfgewicht)
etwas gehackte Petersilie
75 g geriebener Mozzarella
Salz, Pfeffer

1 Portion (ca. 460 g): 620 kcal, 29,9 g Eiweiß (19,6 E%), 48,9 g Fett (72,5 E%), 12,2 g Kohlenhydrate (7,9 E%)

Den Backofen auf 175° (Umluft) vorheizen.

Die Fleischkäsescheiben halbieren und in einer backofenfesten Pfanne im Öl anbraten. Herausnehmen und beiseitestellen.

Paprika waschen, die Kerne entfernen und die Schote anschließend in Streifen schneiden. Die Zwiebel schälen, in Ringe schneiden und mit den Paprikastreifen in der Pfanne etwa 5 Minuten dünsten. Den Knoblauch schälen, pressen und kurz mit anbraten.

Das Ganze mit Sahne und Wasser ablöschen. Brunch zugeben und alles kurz aufkochen lassen. Den Fleischkäse nun wieder in die Sauce geben.

Die Tomaten waschen und zusammen mit den Oliven und dem Paprika zugeben. Alles in der Sauce erwärmen. Nun die Petersilie zugeben und das Ganze mit Salz und Pfeffer abschmecken.

Den Mozzarella darüberstreuen und alles für etwa 15 Minuten im Backofen überbacken.

Tipp: Wer es nicht so scharf mag, kann eine geschmacksneutralere Sorte Brunch wählen.

Gefüllte Paprika

Für 2 Portionen

Für die Paprika:
2 große rote Paprikaschoten
200 g gemischtes Hackfleisch
1 kleine Zwiebel
1 Knoblauchzehe
30 g geriebener Emmentaler
1 TL Senf
etwas gehackte Petersilie
Salz, Pfeffer, Paprikapulver

Für die Sauce:
1 mittelgroße Zwiebel
1 EL Öl
25 g Tomatenmark
400 ml Wasser
1 leicht gehäufter TL Johannisbrotkernmehl
4 EL Sahne
etwas gehackte Petersilie
Salz, Chili, Stevia, gekörnte Brühe

1 Portion (ca. 570 g): 485 kcal, 27,7 g Eiweiß (23 E%), 35,1 g Fett (64,7 E%), 14,8 g Kohlenhydrate (12,3 E%)

Den Backofen auf 175° (Umluft) vorheizen.

Paprikaschoten waschen und den Deckel abschneiden. Die Kerne entfernen und die Schoten an der Unterseite, wenn nötig, etwas begradigen. Die Schoten auswaschen und den Strunk vom Deckel entfernen.

Hackfleisch in eine Schüssel geben. Die Zwiebel schälen und in Würfel schneiden. Den Knoblauch pressen und beides zum Hackfleisch geben.

Den geriebenen Käse, den Senf, die Petersilie sowie Salz, Pfeffer und Paprika nach Geschmack unter die Hackmasse mischen. Anschließend die vorbereiteten Paprika damit füllen und diese dann in eine Auflaufform setzen.

Für die Sauce die Zwiebel schälen und in Ringe schneiden. Das Öl in einem Topf erhitzen und die Zwiebelringe darin für etwa 5 Minuten andünsten.

Das Tomatenmark zugeben und kurz mit anrösten. Alles mit dem Wasser ablöschen und sofort das Johannisbrotkernmehl klümpchenfrei unterrühren. Die Sauce kurz aufkochen lassen, Sahne und Petersilie zugeben und das Ganze nach Geschmack würzen.

Nun die Sauce zu den gefüllten Paprika gießen. Einen Deckel auf die Auflaufform legen und alles für 60 Minuten in den Backofen geben. Anschließend den Deckel entfernen und das Ganze noch mals für etwa 10 Minuten offen backen.

Gesprengte Kohlrouladen »überbacken«

Für 2 Portionen

400 g Weißkohl
1 EL Olivenöl
1 mittelgroße Zwiebel
175 g gemischtes Hackfleisch
1 gehäufter EL Tomatenmark
200 ml Gemüsebrühe
3 EL Sahne
etwas gehackte Petersilie
75 g geriebener Emmentaler
Salz, Stevia

1 Portion (ca. 440 g): 515 kcal, 31,1 g Eiweiß (24,4 E%), 39,3 g Fett (68 E%), 9,7 g Kohlenhydrate (7,6 E%)

Den Backofen auf 175° (Umluft) aufheizen.

Den Weißkohl küchenfertig vorbereiten und in kleine Stücke schneiden. Das Olivenöl in einem Topf (backofengeeignet) erhitzen. Die Zwiebel schälen, in Würfel schneiden und im heißen Öl kurz andünsten. Das Hackfleisch zugeben und krümelig anbraten.

Nun den Weißkohl zufügen und für etwa 3 Minuten mitdünsten. Das Tomatenmark zugeben und kurz anrösten. Anschließend das Ganze mit der Gemüsebrühe ablöschen und auf kleiner Hitze etwa 30 Minuten köcheln lassen. Dabei gelegentlich umrühren.

Die Sahne und die Petersilie in den Topf geben und unterrühren. Das Ganze mit Salz und einer Prise Stevia abschmecken. Den Käse über dem Gericht verteilen und alles für etwa 10 Minuten im Backofen überbacken.

Gefüllte Zucchini

Für 2 Portionen

etwas Butter für die Form
1 große Zucchini (ca. 400 g)
175 g gemischtes Hackfleisch
1 Ei (Größe L)
1 kleine Zwiebel
1 Knoblauchzehe
etwas gehackte Petersilie
1 TL Senf
1 TL Tomatenmark
30 g geriebener Gouda
Salz, Pfeffer, Paprika

1 Portion (ca. 325 g): 360 kcal, 28,8 g Eiweiß (32,2 E%), 24,4 g Fett (60,4 E%), 6,7 g Kohlenhydrate (7,4 E%)

Den Backofen auf 175° (Umluft) vorheizen und eine Auflaufform mit Deckel mit etwas Butter auspinseln.

Die Zucchini waschen, der Länge nach halbieren und mit einem Teelöffel eine Mulde aushöhlen.

Das Hackfleisch mit dem Ei in eine Schüssel geben. Die Zwiebel schälen und in kleine Würfel schneiden. Den Knoblauch schälen und pressen. Beides dazugeben.

Nach Geschmack Petersilie, Senf, Tomatenmark und die Gewürze zufügen und alles gut vermischen.

Die ausgehöhlte Zucchini in die vorbereitete Auflaufform setzen und die Fleischmasse darauf verteilen.

Anschließend den geriebenen Gouda darüberstreuen.

Die gefüllten Zucchini zugedeckt für etwa 35 Minuten in den Backofen geben und anschließend weitere 10 Minuten offen fertig garen.

Kohlrabilasagne

Für 3 Portionen

450 g Kohlrabi
1 EL Öl
1 mittlere Zwiebel
250 g gemischtes Hackfleisch
1 Knoblauchzehe
etwas gehackte Petersilie
125 g passierte Tomaten
100 ml Gemüsebrühe
100 g Frischkäse (Sorte natur)
3 EL Sahne
100 g geriebener Mozzarella
Salz, Hackfleischgewürz

1 Portion (ca. 360 g): 505 kcal, 28,8 g Eiweiß (23 E%), 40,1 g Fett (70,7 E%), 7,9 g Kohlenhydrate (6,3 E%)

Den Backofen auf 175° (Umluft) vorheizen.

Den Kohlrabi schälen und mit dem Hobel in feine Scheiben schneiden. Anschließend in kochendem Salzwasser 5 Minuten bissfest garen. In ein Sieb abgießen und beiseitestellen.

Das Öl in einer Pfanne heiß werden lassen. Die Zwiebel schälen, in kleine Würfel schneiden und zusammen mit dem Hackfleisch kurz anbraten. Den Knoblauch schälen, pressen und dazugeben. Petersilie ebenfalls zugeben und alles nach Geschmack mit Salz und Hackfleischgewürz abschmecken.

Anschließend das Ganze mit den Tomaten und der Gemüsebrühe ablöschen und aufkochen lassen. Den Frischkäse zugeben und alles für etwa 10 Minuten leicht köcheln lassen.

Nun abwechselnd Fleischsauce und Kohlrabischeiben in eine feuerfeste Auflaufform schichten.

Zum Schluss die Sahne angießen und den geriebenen Mozzarella darüberstreuen. Die Lasagne in den Backofen geben und für etwa 20 Minuten überbacken.

Tipp: Hierzu passt ein großer grüner Salat, der mit einem guten Öl angemacht wird.

Rindersteak mit Chinakohlgemüse

Für 3 Portionen

3 Minutensteaks vom Rind (jeweils etwa 125 g)
3 EL Öl
Steakgewürz zum Marinieren
1 rote Paprikaschote
1 kleine Zwiebel
1 Knoblauchzehe
100 ml Gemüsebrühe
450 g Chinakohl
Salz, Pfeffer

1 Portion (ca. 355 g): 290 kcal, 28,4 g Eiweiß (39,5 E%), 16,7 g Fett (51,5 E%), 6,4 g Kohlenhydrate (9 E%)

Die Minutensteaks für etwa 30 Minuten in 1 EL Öl und Steakgewürz marinieren.

Die Paprikaschote halbieren, entkernen, waschen und in kleine Würfel schneiden. Die Zwiebel schälen und ebenfalls in kleine Würfel schneiden. 1 EL Öl in einer höheren Pfanne erhitzen und die Paprika- und Zwiebelwürfel darin bei mittlerer Hitze 5 Minuten dünsten.

Die Knoblauchzehe schälen und pressen, hinzufügen und kurz mit anrösten.

Das Ganze mit der Gemüsebrühe ablöschen. Den Chinakohl in etwa 2 cm breite Streifen schneiden und in die Pfanne geben. Alles etwa 5 Minuten bissfest garen. Zum Schluss mit Salz und Pfeffer abschmecken.

Die Minutensteaks in einer separaten Pfanne im restlichen Öl von jeder Seite für etwa 1 Minute scharf anbraten.

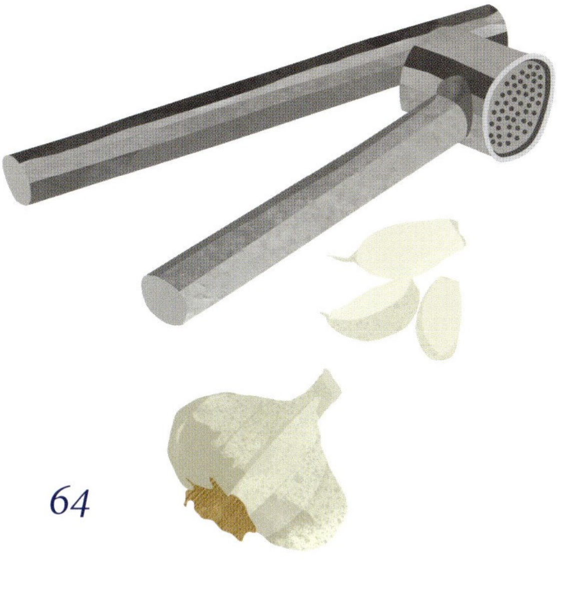

Schmorgulasch

Für 2 Portionen

1 EL Öl
1 große Zwiebel
250 g gemischtes Gulasch
1 rote Paprikaschote
1 Knoblauchzehe
1 Schuss Weißwein
20 g Tomatenmark
300 ml Gemüsebrühe
etwas gehackte Petersilie und Liebstöckel
100 g Champignons in Scheiben (Glas)
50 ml Sahne
1 TL Johannisbrotkernmehl
Salz, Gulaschgewürz, Paprika

1 Portion (ca. 490 g): 430 kcal, 28,6 g Eiweiß (26,9 E%), 30 g Fett (62,6 E%), 10,4 g Kohlenhydrate (9,8 E%), 0,4 g Alkohol (0,7 E%)

Das Öl in einem Topf erhitzen. Die Zwiebel schälen und in Ringe schneiden. Zusammen mit dem Fleisch scharf anbraten.

Die Paprikaschote halbieren, entkernen, waschen und in mundgerechte Stücke schneiden. Den Knoblauch schälen und pressen. Beides in den Topf geben und kurz mit anbraten.

Mit dem Weißwein ablöschen und den Alkohol etwas verdampfen lassen. Das Tomatenmark hineingeben und kurz mit anrösten. Anschließend die Gemüsebrühe zugeben und alles aufkochen lassen.

Die Gewürze hinzugeben und alles etwa 45 Minuten offen einköcheln lassen.

Anschließend Petersilie und Liebstöckel einstreuen. Dann die abgetropften Champignons zugeben.

Das Ganze mit Sahne verfeinern und kurz aufkochen lassen.

In einem separaten Schälchen das Johannisbrotkernmehl mit etwas Wasser klümpchenfrei anrühren und das Gulasch damit abbinden.

Tipp: Hierzu passen die Spätzle von Seite 112 und eine Portion Salat.

Krautauflauf

Für 2 Portionen

1 kleine Dose Sauerkraut
(Abtropfgewicht 350 g)
etwas Wasser
Salz, Pfeffer, etwas Stevia

Für die Sauce:
1 kleine Zwiebel
1 EL Öl
1 EL Tomatenmark
300 ml Wasser
1 leicht gehäufter TL Johannisbrotkernmehl
Salz, Chili, Stevia, gekörnte Brühe

Für die Hackfleischmasse:
1 kleine Zwiebel
200 g gemischtes Hackfleisch
etwas gehackte Petersilie
Salz, Pfeffer, Paprika

Zusätzlich:
1 rote Paprikaschote
4 EL Sahne
80 g geriebener Emmentaler

1 Portion (ca. 600 g): 410 kcal, 24,4 g Eiweiß (24,5 E%), 32,1 g Fett (71,4 E%), 4,2 g Kohlenhydrate (4,2 E%)

Backofen auf 175° (Umluft) vorheizen.

Das Sauerkraut in einem Topf etwa 30 Minuten vorkochen, damit es besser verdaulich ist. Wer mag, kann es aber auch direkt aus der Dose nehmen. Anschließend das vorgekochte Sauerkraut nach Geschmack würzen und in eine Auflaufform mit Deckel füllen.

Für die Sauce Zwiebel schälen und in Würfel schneiden. Etwa 5 Minuten im heißen Öl glasig dünsten. Tomatenmark zugeben und kurz anrösten.

Das Ganze mit dem Wasser ablöschen und sofort das Johannisbrotkernmehl klümpchenfrei unterrühren. Alles kurz aufkochen lassen und nach Geschmack mit Salz und Chili würzen, mit einer Prise Stevia und gekörnter Brühe abschmecken.

Für die Hackmasse die Zwiebel schälen und in kleine Würfel schneiden. Das Hackfleisch in eine Schüssel geben. Zwiebelwürfel und Petersilie zugeben und alles nach Geschmack mit Salz, Pfeffer und Paprika würzen.

Die Hackfleischmasse krümelig auf dem Sauerkraut verteilen. Paprika waschen, die Kerne entfernen und die Schote in Streifen schneiden. Anschließend auf dem Hackfleisch verteilen und mit der vorgekochten Sauce und der Sahne übergießen. Den geriebenen Käse darauf verteilen.

Die geschlossene Auflaufform für 60 Minuten in den Backofen geben. Anschließend den Deckel abnehmen und alles noch mal für etwa 10 Minuten ohne Deckel überbacken.

Schinken-Hack-Röllchen

Für 3 Portionen

250 g Rinderhackfleisch
1 große Zwiebel
etwas gehackte Petersilie
1 EL Öl
1 Knoblauchzehe
30 g Tomatenmark
300 ml Gemüsebrühe
100 ml Sahne
gut 1 gestrichener TL Johannisbrotkernmehl
200 g Schinken
(große Scheiben, dünn geschnitten)
75 g geriebener Mozzarella oder anderer Käse nach Geschmack
Pizzagewürz (alternativ andere italienische Gewürzmischung), Salz, Pfeffer, Paprika

1 Portion (ca. 350 g): 500 kcal, 35,7 g Eiweiß (28,7 E%), 37,5 g Fett (66,7 E%), 5,8 g Kohlenhydrate (4,6 E%)

Den Backofen auf 175° (Umluft) vorheizen.

Das Hackfleisch in eine Schüssel geben. Die Zwiebel schälen und in kleine Würfel schneiden. Die Hälfte davon zum Hackfleisch geben. Die andere Hälfte der Zwiebelwürfel für die Sauce beiseitestellen. Das Hackfleisch nach Geschmack mit Pizzagewürz, Salz, Pfeffer und Paprika würzen. Die Petersilie zufügen und alles gründlich vermischen. Anschließend zur Seite stellen.

Für die Sauce das Öl in einem beschichteten Topf erhitzen. Die restlichen Zwiebelwürfel zugeben und etwa 5 Minuten glasig dünsten. Den Knoblauch schälen, pressen und zur Zwiebel geben. Nun noch mal für 2 Minuten dünsten.

Das Tomatenmark zugeben und kurz mit anrösten. Nun mit der Gemüsebrühe und der Sahne ablöschen und sofort das Johannisbrotkernmehl mit einem Schneebesen unterrühren.

Alles zunächst aufkochen und dann für ein paar Minuten köcheln lassen. Mit Salz, Pfeffer und Paprika abschmecken.

In der Zwischenzeit die Schinkenscheiben auslegen, das Hackfleisch gleichmäßig darauf verteilen und den Schinken anschließend einrollen. Die Röllchen mit der Nahtseite nach unten in eine Auflaufform legen.

Zum Schluss die Röllchen mit der Sauce übergießen, mit dem geriebenen Käse bestreuen und das Ganze mit geschlossenem Deckel etwa 30 Minuten in den Backofen geben. Anschließend den Deckel abnehmen und für weitere 15 Minuten offen überbacken.

Tipp: Zu den Schinken-Hack-Röllchen passt das Selleriepüree von Seite 117 und/oder ein Salat der Saison.

Schweinefleisch süßsauer

Für 2 Portionen

250 g Schweineschnitzel
2 EL Sojasauce
1 mittelgroße Zwiebel
1 rote Paprikaschote
1 gelbe Paprikaschote
1 EL Olivenöl
150 g Ananasstücke (aus der Dose, ungezuckert)
50 ml Ananassaft aus der Dose (ebenfalls ungezuckert)
1 EL Weißwein
Salz, Pfeffer, Stevia

1 Portion (ca. 430 g): 310 kcal, 31,6 g Eiweiß (41,3 E%), 8,4 g Fett (24,8 E%), 25,2 g Kohlenhydrate (32,9 E%), 0,4 g Alkohol (1 E%)

Die Schnitzel in Streifen schneiden und mit 1 EL Sojasauce etwa 30 Minuten marinieren.

In der Zwischenzeit die Zwiebel schälen und in Ringe schneiden. Die Paprikaschoten halbieren, entkernen, waschen und in Streifen schneiden.

Das Olivenöl in einer Pfanne heiß werden lassen und das Fleisch kurz scharf anbraten. Anschließend aus der Pfanne nehmen und beiseitestellen.

Nun die Zwiebelringe in die Pfanne geben und bei mittlerer Hitze etwa 3 Minuten anbraten. Den Paprika zugeben und das Ganze für weitere 5 Minuten braten. Zum Schluss die Ananasstücke mit in die Pfanne geben.

Dann das Ganze mit dem Ananassaft, der restlichen Sojasauce und dem Wein ablöschen und für etwa 5 Minuten kochen lassen, damit die Flüssigkeit etwas einreduziert. Zum Schluss das Fleisch wieder zugeben und in der Sauce heiß werden lassen. Nach Geschmack mit Salz, Pfeffer und etwas Stevia abschmecken.

Frikadellen mal anders

Für 2 Portionen

50 g rote Paprikaschote
1 kleine Zwiebel
250 g Hühnerbrust
50 g Essiggurke (mit Stevia)
1 Ei (Größe M)
etwas gehackte Petersilie
1 gehäufter TL Guarkernmehl
1 EL Öl
Salz, Pfeffer und Paprika

1 Portion (ca. 235 g): 235 kcal, 34 g Eiweiß (58,7 E%), 9 g Fett (35,1 E%), 3,6 g Kohlenhydrate (6,2 E%)

Paprika entkernen und waschen. Die Zwiebel schälen. Anschließend Fleisch, Paprika und Zwiebel sowie die Essiggurken grob würfeln und in einem Küchenzerkleinerer zu einer Hackfleischmasse zerkleinern.

Die Masse in eine Schüssel geben. Das Ei verquirlen und etwa die Hälfte davon zu der Masse geben und mit der Petersilie untermischen. (Die restliche Eimasse kann später in der Pfanne mit ausgebraten werden.)

Das Guarkernmehl ebenfalls untermischen und alles nach Geschmack würzen. Achtung: Die Masse ist sehr nass, bindet aber beim Braten.

Das Öl in einer Pfanne erhitzen. Aus der Fleischmasse Frikadellen formen und diese direkt in die Pfanne geben. Auf mittlerer Hitze von beiden Seiten braten, bis sie durch sind.

Tipp: Wem die Masse zu feucht ist, der kann etwas Dinkelbrösel untermischen. Dann enthält das Gericht etwas mehr Kohlenhydrate.

Curry-Kokos-Hühnchen mit Gemüse

Für 2 Portionen

220 g Hühnerbrust
1 kleine Zwiebel
1 rote Paprikaschote
1 große Karotte
75 g Champignons (Glas)
1 EL Öl
1 Knoblauchzehe
100 ml Kokosmilch
100 ml Wasser
1 gestrichener TL Johannisbrotkernmehl
2 EL Sahne
etwas gehackte Petersilie
Salz, Curry, Chili, Sojasauce

1 Portion (ca. 380 g): 315 kcal, 32,3 g Eiweiß (41,8 E%), 13,5 g Fett (39,6 E%), 14,4 g Kohlenhydrate (18,6 E%)

Die Hühnerbrust in Scheiben schneiden und beiseitestellen.

Zwiebel schälen und in Ringe schneiden. Paprika halbieren, entkernen, waschen und dann in Streifen schneiden. Karotte waschen, schälen und dann mit einem Spiralschneider schneiden. (Alternativ kann man die Karotte auch in feine Scheiben schneiden.) Die Champignons in ein Sieb abgießen und abtropfen lassen.

Das Öl in einer größeren Pfanne mit etwas Rand heiß werden lassen. Die Hühnerbrust kurz anbraten, herausnehmen und beiseitestellen.

Dann die Zwiebelringe in die Pfanne geben und ca. 3 Minuten glasig dünsten. Paprika und Karotte zugeben und noch mal ca. 3 Minuten dünsten. Den Knoblauch schälen, pressen und ebenfalls dazugeben.

Das Ganze mit der Kokosmilch und dem Wasser ablöschen und sofort das Johannisbrotkernmehl unterrühren. Alles kurz aufkochen lassen. Die Champignons mit dem Hühnchenfleisch dazugeben und in der Sauce gar ziehen lassen.

Zum Schluss die Sauce mit der Sahne und etwas Petersilie verfeinern und nach Geschmack mit Salz, Curry, Chili und Sojasauce würzen.

Hähnchengeschnetzeltes mit Bohnengemüse in Tomatensauce

Für 2 Portionen

1 EL Olivenöl
2 Hühnerbrüste (etwa 250 g)
1 kleine Zwiebel
1 Knoblauchzehe
2 gehäufte EL Tomatenmark
275 ml Wasser
250 g Bohnen (TK)
75 ml Sahne
etwas Johannisbrotkernmehl
Salz, Chili, Paprika, Stevia

1 Portion (ca. 450 g): 340 kcal, 33,9 g Eiweiß (40,4 E%), 18,2 g Fett (47,9 E%), 9,9 g Kohlenhydrate (11,7 E%)

Das Olivenöl in einer Pfanne erhitzen. Die Hühnerbrüste in Streifen schneiden und darin von beiden Seiten kurz scharf anbraten. Anschließend salzen, herausnehmen und beiseitestellen.

Die Zwiebel schälen und in Ringe schneiden. Diese anschließend in der Pfanne bei mittlerer Hitze etwa 5 Minuten dünsten. Den Knoblauch schälen, pressen und kurz mit anbraten. Anschließend das Tomatenmark zugeben und ebenfalls kurz mit anbraten.

Das Ganze mit Wasser ablöschen. Die Bohnen hineingeben und etwa 8 Minuten bissfest kochen.

Anschließend die Sahne zugeben und alles kurz aufkochen lassen.

Das Johannisbrotkernmehl mit etwas Wasser separat in einer kleinen Schüssel oder einer Tasse klümpchenfrei verrühren. Nun so viel davon in die Sauce geben, bis sie die gewünschte Konsistenz erreicht hat.

Zum Schluss das Hühnerfleisch in die Sauce geben und kurz heiß werden lassen.

Alles nach Geschmack mit Salz, Chili, Paprika und einer Prise Stevia würzen.

Hühnerbrust mit Erbsengemüse in Kokossauce

Für 2 Portionen

1 EL Öl
2 Hühnerbrüste (etwa 250 g)
1 mittelgroße Zwiebel
1 EL Tomatenmark
250 ml Kokosmilch
100 ml Wasser
1 gestrichener TL Johannisbrotkernmehl
300 g Erbsen (TK)
Salz, Chili, Curry, Stevia

1 Portion (ca. 490 g): 410 kcal, 40,7 g Eiweiß (40,4 E%), 17,5 g Fett (39,4 E%), 20,3 g Kohlenhydrate (20,2 E%)

Das Öl in einer beschichteten Pfanne erhitzen. Die Hühnerbrüste in Streifen schneiden und darin von beiden Seiten kurz scharf anbraten. Danach herausnehmen und beiseitestellen.

Die Zwiebel schälen, in Ringe schneiden und für 5 Minuten bei kleiner Hitze im Öl dünsten.

Das Tomatenmark zugeben und kurz mit anrösten.

Anschließend das Ganze mit der Kokosmilch und dem Wasser ablöschen und sofort das Johannisbrotkernmehl mit einem Schneebesen gründlich unterrühren.

Alles kurz aufkochen lassen und dann die Erbsen hineingeben.

Nochmals aufkochen lassen, anschließend einen Deckel auflegen und alles für 5 Minuten ziehen lassen.

Das gebratene Fleisch zufügen und in der Sauce heiß werden lassen.

Nach Geschmack mit Salz, Chili, Curry und einer Prise Stevia würzen.

Hähnchenschenkel auf sommerlichem Gemüse

Für 2 Portionen

1 mittelgroße rote Paprikaschote
2 mittelgroße Karotten
1 mittelgroße Zwiebel
75 g Oliven mit Paprikafüllung (Glas)
1 EL Öl
2 Hähnchenschenkel
1 EL Sahne
Brathähnchengewürz
Salz, Pfeffer, Paprika

1 Portion (ca. 385 g): 445 kcal, 29,7 g Eiweiß (26,8 E%), 30,3 g Fett (61,9 E%), 12,6 g Kohlenhydrate (11,3 E%)

Backofen auf 175° (Umluft) vorheizen.

Paprika halbieren, entkernen, waschen und in Streifen schneiden. Die Karotten schälen, waschen und in Scheiben schneiden. Die Zwiebel schälen und in Ringe schneiden.

Das vorbereitete Gemüse und die abgetropften Oliven mit dem Öl vermischen, mit Salz, Pfeffer und Paprika würzen und in eine Auflaufform mit Deckel geben.

Die Hähnchenschenkel mit Sahne einstreichen, mit dem Brathähnchengewürz würzen und auf das Gemüse legen.

Den Deckel auf die Auflaufform geben und das Ganze 45 Minuten im Backofen garen. Danach weitere 15 Minuten ohne Deckel fertig garen.

Puten-Paprika-Auflauf mit Kohlrabinudeln

Für 3 Portionen

Für den Auflauf:

1 EL Öl
1 mittelgroße Zwiebel
50 g Tomatenmark
150 ml Sahne
250 ml Gemüsebrühe
1 gehäufter TL Johannisbrotkernmehl
1 leicht gehäufter TL Paprikapulver
400 g Putengeschnetzeltes
1 große rote Paprikaschote
75 g geriebener Emmentaler
Salz, Chili

Für die Kohlrabinudeln:

450 g Kohlrabi
10 g Butter
Salz

1 Portion (ca. 490 g): 515 kcal, 43,7 g Eiweiß (34,4 E%), 32,6 g Fett (56,7 E%), 11,4 g Kohlenhydrate (8,9 E%)

Den Backofen auf 175° (Umluft) vorheizen.

Das Öl in einem beschichteten Topf heiß werden lassen. In der Zwischenzeit die Zwiebel schälen und in kleine Würfel schneiden. Die Zwiebelwürfel im Öl für etwa 5 Minuten glasig dünsten.

Das Tomatenmark zugeben und kurz anrösten. Anschließend mit der Sahne und der Gemüsebrühe aufgießen und sofort das Johannisbrotkernmehl mit einem Schneebesen klümpchenfrei unterrühren. (Die Sauce sollte relativ dick sein.)

Das Paprikapulver zugeben. Alles kurz aufkochen lassen und mit Salz und Chili abschmecken.

Das Putengeschnetzelte in eine Auflaufform geben. Die Paprikaschote halbieren, entkernen, waschen, in Streifen schneiden und über dem Fleisch verteilen.

Dann die Sauce darübergießen. Darauf achten, dass das komplette Fleisch damit bedeckt ist.

Den Käse darauf verteilen. Die Auflaufform geschlossen für 30 Minuten in den vorgeheizten Backofen geben. Anschließend weitere 10 Minuten offen überbacken.

In der Zwischenzeit die Kohlrabi schälen und waschen. Anschließend mit einem Sparschäler zu einer Art Bandnudeln schneiden.

Die Kohlrabinudeln für 2 Minuten in kochendem Salzwasser blanchieren. Danach in ein Sieb abgießen.

Etwas Butter in einer beschichteten Pfanne zerlaufen lassen, die Kohlrabinudeln zugeben und etwa 5 Minuten fertig garen.

Überbackene Hühnerbrust mit Orangensauce und Rotweinzwiebeln

Für 2 Portionen

Für die Rotweinzwiebeln:
150 g rote Zwiebeln
1 EL Öl
200 ml Rotwein
20 ml Balsamicoessig
Salz, Stevia

Für die Orangensauce:
150 ml frisch gepresster Orangensaft
150 ml Wasser
1 gestrichener TL Johannisbrotkernmehl
1 gehäufter TL Meerrettich (aus dem Glas oder Tube)
1 gehäufter TL mittelscharfer Senf
1 EL Balsamicoessig
1 EL Olivenöl
2 EL Sahne
Salz, Stevia

Für die Hühnerbrust:
300 g Hühnerbrust
1 EL Öl
1 Kugel Mozzarella (200 g)
Salz, Pfeffer

1 Portion (ca. 440 g): 650 kcal, 54,3 g Eiweiß (34 E%), 40,7 g Fett (56,4 E%), 15,3 g Kohlenhydrate (9,6 E%)

Den Backofen auf 175° (Umluft) vorheizen.

Für die Rotweinzwiebeln die Zwiebeln schälen und in Streifen schneiden. Das Öl in einem beschichteten Topf erhitzen und die Zwiebeln darin 5 Minuten bei mittlerer Hitze andünsten.

Nun den Herd auf höchste Stufe schalten. Die Zwiebeln mit dem Rotwein und dem Balsamicoessig ablöschen und bei hoher Hitze so lange dünsten, bis die Flüssigkeit vollständig verdampft ist. Die Zwiebeln nach Geschmack mit Salz und Stevia würzen.

Für die Orangensauce den Orangensaft und das Wasser in einen beschichteten Topf geben. Das Johannisbrotkernmehl mit einem Schneebesen klümpchenfrei unterrühren und alles kurz aufkochen lassen.

Meerrettich, Senf, Balsamicoessig, Olivenöl und Sahne unterrühren und alles noch mal kurz aufkochen lassen. Anschließend mit Salz und Stevia abschmecken.

Die Hühnerbrust in feine Scheiben schneiden und mit Salz und Pfeffer würzen. Das Öl in einer backofenfesten Pfanne erhitzen und die Hühnchenscheiben darin ganz kurz von beiden Seiten anbraten.

Den Mozzarella in Scheiben schneiden und auf die gebratenen Hühnchenscheiben verteilen. Alles für etwa 10 Minuten im Backofen überbacken.

Tipp: Hierzu passt eine große Portion grüner oder gemischter Salat, der mit einem guten Öl angemacht ist. Die Orangensauce eignet sich abgekühlt übrigens auch hervorragend als Salatdressing.

Info: Da der Alkohol in diesem Rezept vollständig verdampft, wurde er bei der Berechnung der Nährwerte nicht berücksichtigt.

Putencurry mit Ananas und Gemüse

Für 3 Portionen

275 g Putenbrust
1 mittelgroße Zwiebel
1 Knoblauchzehe
2 gehäufte EL Kokosraspel
2 EL Öl
1 grüne Paprikaschote
1 rote Paprikaschote
175 g frische Champignons
100 g Ananasstücke (Dose, ungezuckert)
1 gehäufter EL Tomatenmark
300 ml Gemüsebrühe
100 ml Sahne
4 EL Ananassaft (Dose)
1 gehäufter TL Johannisbrotkernmehl
75 g geriebener Emmentaler
Salz, Paprika, Curry

1 Portion (ca. 500 g): 485 kcal, 34,7 g Eiweiß (28,7 E%), 32,3 g Fett (60,7 E%), 12,8 g Kohlenhydrate (10,6 E%)

Den Backofen auf 175° (Umluft) vorheizen.

Die Putenbrust in Gulaschwürfel schneiden und in eine Schüssel geben. Die Zwiebel schälen und in Ringe scheiden. Den Knoblauch schälen und pressen. Beides zum Putenfleisch geben. Nun die Kokosraspel, die Hälfte des Öls sowie Salz, Paprika und Curry zugeben und alles miteinander vermischen. Etwa 30 Minuten marinieren lassen.

Die Paprikaschoten halbieren, entkernen, waschen und in Würfel schneiden. Die Champignons putzen und in Scheiben schneiden.

Beides in eine Auflaufform mit Deckel geben. Die Ananasstücke aus der Dose ebenfalls dazugeben und alles miteinander vermischen.

Das restliche Öl in einer Pfanne erhitzen und das marinierte Fleisch inklusive Zwiebeln kurz scharf anbraten. Anschließend das Ganze ebenfalls in die Auflaufform geben und untermischen.

Nun das Tomatenmark in die Pfanne mit dem Bratensatz geben und kurz anrösten. Mit der Gemüsebrühe, der Sahne und dem Ananassaft ablöschen und sofort das Johannisbrotkernmehl unterrühren.

Die Sauce kurz aufkochen lassen und nach Geschmack mit Salz und Curry würzen. Anschließend in die Auflaufform gießen.

Den geriebenen Käse darauf verteilen und die Form mit dem Deckel schließen.

Im vorgeheizten Backofen geschlossen 30 Minuten garen. Anschließend den Deckel abnehmen und das Putencurry für weitere 10 Minuten überbacken.

Forellenfilets mit Meerrettichcreme

Für 2 Portionen

200 g Karotten
125 g geräucherte Forellenfilets
200 ml Milch (1,5 % Fett)
25 g Meerrettich (aus der Tube oder aus dem Glas)
1 Eigelb (von 1 Ei Größe L)
1 gehäufter TL Johannisbrotkernmehl
etwas Dill (frisch oder TK)
Salz

1 Portion (ca. 270 g): 245 kcal, 24,7 g Eiweiß (40,5 E%), 9,9 g Fett (36,7 E%), 13,9 g Kohlenhydrate (22,8 E%)

Den Backofen auf 175° (Umluft) vorheizen.

Die Karotten waschen, putzen und in kleine Würfel schneiden und für etwa 5 Minuten in Salzwasser bissfest garen. Anschließend abgießen.

Die Forellenfilets in eine Auflaufform legen und die gekochten Karottenwürfel darüber verteilen.

Die Milch in eine Schüssel geben. Den Meerrettich, das Eigelb und das Johannisbrotkernmehl nach und nach mit einem Schneebesen unterrühren.

Das Ganze mit Dill und Salz würzen. Die Masse über die vorbereiteten Forellenfilets gießen und das Ganze für etwa 20 Minuten im oberen Drittel des Backofens überbacken.

Tipp: Hierzu schmeckt eine große Portion grüner oder gemischter Salat, der mit einem guten Öl angemacht ist.

Kabeljaufilets auf Lauchgemüse

Für 2 Portionen

Für das Lauchgemüse:
250 g Lauch
1 gelbe Paprikaschote
1 kleine Zwiebel
1 EL Öl
50 ml Sahne
Salz, Pfeffer, Paprika (edelsüß)

Für das Kabeljaufilet:
250 ml Wasser
Salz
2 EL Weißwein
2 Kabeljaufilets (TK)

1 Portion (ca. 360 g): 285 kcal, 26,2 g Eiweiß (36,8 E%), 14,6 g Fett (46,4 E%), 10,5 g Kohlenhydrate (14,7 E%), 0,9 g Alkohol (2,1 E%)

Den Lauch putzen, waschen und in Ringe schneiden. Die Paprikaschote halbieren, entkernen, waschen und in kleine Würfel schneiden. Zwiebel schälen und ebenfalls in kleine Würfel schneiden.

Das Öl in einer Pfanne erhitzen und die Zwiebeln darin etwa 2 Minuten auf mittlerer Hitze andünsten. Anschließend Lauch und Paprika zufügen und alles 5 Minuten weiterdünsten.

Mit der Sahne ablöschen und 5 Minuten auf kleiner Hitze leicht köcheln lassen. Zum Schluss mit Salz, Pfeffer und Paprika würzen.

Für das Kabeljaufilet das Wasser in eine Pfanne mit Deckel geben und aufkochen lassen.

Salz und Weißwein zum Wasser geben. Den Fisch hineinlegen und den Deckel auflegen.

Alles kurz aufkochen lassen und dann bei kleiner Hitze etwa 10–15 Minuten dünsten.

Kabeljau-Zucchini-Auflauf

Für 2 Portionen

1 EL Öl
1 mittelgroße Zwiebel
1 Knoblauchzehe
2 EL Weißwein
150 g passierte Tomaten
150 ml Gemüsebrühe
1 leicht gehäufter TL Johannisbrotkernmehl
etwas gehackte Petersilie
2 Kabeljaufilets (TK)
1 mittelgroße Zucchini
3 EL Sahne
50 g geriebener Emmentaler
Salz, italienisches Gewürz, Stevia

1 Portion (ca. 480 g): 350 kcal, 32,8 g Eiweiß (37,8 E%), 20 g Fett (52,3 E%), 7,2 g Kohlenhydrate (8,2 E%), 0,9 g Alkohol (1,7 E%)

Den Backofen auf 175° (Umluft) vorheizen.

Das Öl in einem beschichteten Topf erhitzen. Die Zwiebel schälen, in Würfel schneiden und im heißen Öl für 5 Minuten glasig dünsten.

Den Knoblauch schälen und zu den Zwiebeln pressen. Kurz mit andünsten.

Nun den Wein zugeben und den Alkohol etwas verdampfen lassen. Das Ganze mit den passierten Tomaten und der Gemüsebrühe ablöschen und das Johannisbrotkernmehl sofort mit einem Schneebesen klümpchenfrei unterrühren. Die Sauce sollte relativ dick sein.

Alles kurz aufkochen lassen. Die gehackte Petersilie unterrühren und anschließend das Ganze mit Salz, italienischem Gewürz und einer Prise Stevia abschmecken. Dann den Topf beiseitestellen.

Die Kabeljaufilets gefroren in eine Auflaufform mit Deckel legen. Die Auflaufform sollte am besten so groß sein, dass die beiden Filets gerade nebeneinander passen.

Die Zucchini waschen, bei Bedarf schälen und der Länge nach halbieren. Anschließend in etwa 5 mm dicke Scheiben schneiden und diese über den Fischfilets verteilen.

Die vorbereitete Sauce gleichmäßig darübergießen. Dann die Sahne ebenfalls darauf verteilen. Abschließend den Käse darüberstreuen und alles abgedeckt für 45 Minuten in den Backofen geben. Anschließend den Deckel abnehmen und das Ganze für weitere 15 Minuten überbacken.

Lachsfilet auf Blattspinat

Für 2 Portionen

300 g Blattspinat (TK)
1 EL Öl
1 kleine Zwiebel
1 Knoblauchzehe
100 ml Sahne
50 ml Wasser
1 gestrichener TL Johannisbrotkernmehl
2 Tomaten
2 Lachsfilets (TK, etwa 250 g)
75 g geriebener Emmentaler
Salz, Muskat, Pfeffer

1 Portion (ca. 480 g): 610 kcal, 41,6 g Eiweiß (27,6 E%), 46,7 g Fett (68,6 E%), 5,8 g Kohlenhydrate (3,8 E%)

Den Backofen auf 175° (Umluft) aufheizen. Den Blattspinat auftauen lassen.

Das Öl in einem beschichteten Topf erhitzen. Die Zwiebel schälen und in Würfel schneiden. Den Knoblauch schälen und pressen. Beides für etwa 5 Minuten auf kleiner Hitze andünsten.

Den aufgetauten Blattspinat zugeben und mit der Sahne und dem Wasser aufgießen. Nun sofort das Johannisbrotkernmehl unterrühren. Alles zusammen aufkochen lassen und mit Salz, Muskat und Pfeffer abschmecken.

Die Tomaten waschen und nach dem Entfernen des Strunks in Scheiben schneiden. Die Hälfte der Scheiben in eine Auflaufform mit Deckel legen. Die Spinatmasse darüber geben und den Lachs darauf setzen. Dann die restlichen Tomatenscheiben auf dem Lachs verteilen und alles mit dem Käse bestreuen.

Den Deckel auf die Auflaufform geben und alles für 30 Minuten in den Backofen geben. Anschließend offen für etwa 15 Minuten überbacken.

Lachsgratin

Für 2 Portionen

1 kleine Zwiebel
1 EL Öl
1 EL zuckerfreies Ketchup
1 EL Tomatenmark
150 ml Sahne
150 ml Wasser
1 gestrichener TL Johannisbrotkernmehl
2 Lachsfilets (TK, etwa 250 g)
Salz, Chili, Dill

1 Portion (ca. 310 g): 505 kcal, 27 g Eiweiß (21,1 E%), 42,69 g Fett (75,9 E%), 3,8 g Kohlenhydrate (3 E%)

Den Backofen auf 175° (Umluft) vorheizen.

Die Zwiebel schälen und in Würfel schneiden. Das Öl in einem beschichteten Topf erhitzen und die Zwiebel darin für etwa 5 Minuten glasig dünsten.

Ketchup und das Tomatenmark zugeben und kurz mit anrösten.

Anschließend mit der Sahne und dem Wasser auffüllen und sofort das Johannisbrotkernmehl mit einem Schneebesen klümpchenfrei, unterrühren. Dann kurz aufkochen lassen, den Dill hinzufügen und mit Salz und Chili abschmecken.

Die gefrorenen Lachsfilets in eine Auflaufform legen. Die Gratinsauce darübergießen und alles für etwa 35 Minuten in den Backofen geben.

Tipp: Zum Lachsgratin passen die Karottennudeln von Seite 113.

Überbackenes Lachsragout

Für 2 Portionen

2 Lachsfilets (TK, etwa 250 g)
200 g frische Champignons
150 g Erbsen (TK)
1 EL Öl
1 kleine Zwiebel
50 ml Weißwein
125 ml Gemüsebrühe
75 ml Sahne
1 leicht gehäufter TL Johannisbrotkernmehl
50 g geriebener Emmentaler
Salz, Pfeffer, Dill

1 Portion (ca. 475 g): 595 kcal, 42,1 g Eiweiß (28,5 E%), 40,2 g Fett (60,3 E%), 12,9 g Kohlenhydrate (8,8 E%), 2,2 g Alkohol (2,4 E%)

Den Backofen auf 175° (Umluft) vorheizen.

Die Lachsfilets auftauen lassen. Die Champignons putzen und in Scheiben schneiden.

Die Erbsen 5 Minuten in Salzwasser kochen. Danach in ein Sieb abgießen.

Das Öl in einer Pfanne oder einem Topf erhitzen. Die Zwiebel schälen, in Würfel schneiden und im Öl etwa 5 Minuten dünsten. Die vorbereiteten Champignons hinzugeben und alles für weitere 5 Minuten dünsten, gegen Ende bei relativ großer Hitze, damit die Flüssigkeit der Pilze verdampfen kann.

Anschließend das Ganze mit dem Weißwein ablöschen, auf großer Hitze kurz kochen und den Alkohol dabei etwas verdampfen lassen. Gemüsebrühe und Sahne zugeben und sofort das Johannisbrotkernmehl klümpchenfrei unterrühren. Alles kurz aufkochen lassen und nach Geschmack mit Salz, Pfeffer und Dill würzen.

Die Lachsfilets in gulaschgroße Stücke schneiden und in die Sauce legen. Den Herd auf kleine Hitze herunterschalten und den Lachs 5 Minuten in der Sauce gar ziehen lassen. Gegen Ende die Erbsen wieder zufügen.

Anschließend das Ganze in eine Auflaufform umfüllen und den geriebenen Käse darauf verteilen. Für etwa 15 Minuten im vorgeheizten Backofen überbacken.

Zucchinipfanne mit Garnelen

Für 2 Portionen

300 g Garnelen (TK)
300 g Zucchini
1 rote Paprikaschote
1 mittelgroße Zwiebel
2 EL Öl
4 EL Wasser
2 Knoblauchzehen
Salz, Pfeffer, Curry, Paprika, Zitronensaft

1 Portion (ca. 430 g): 300 kcal, 32,1 g Eiweiß (43,9 E%), 13 g Fett (39,4 E%), 12,3 g Kohlenhydrate (16,7 E%)

Die Garnelen in einem Sieb auftauen lassen.

Die Zucchini und Paprika waschen. Die Zucchini schälen und die Paprika halbieren und entkernen. Beides in kleine Würfel schneiden. Die Zwiebel schälen und ebenfalls würfeln.

Die Hälfte des Öls in einer beschichteten Pfanne erhitzen. Die Zwiebelwürfel zugeben und für 3 Minuten dünsten.

Dann die Paprika- und Zucchiniwürfel zusammen mit dem Wasser zugeben und bei geschlossenem Deckel alles für 5 Minuten weiterdünsten. 1 Knoblauchzehe schälen, pressen und ebenfalls dazugeben. Alles abgedeckt für weitere 5 Minuten bissfest dünsten. Nach Geschmack mit Salz, Pfeffer, Curry und Paprika würzen.

Für die Garnelen das restliche Öl in einer weiteren Pfanne erhitzen. Die zweite Knoblauchzehe schälen, pressen und mit den Garnelen für wenige Minuten mitbraten. Anschließend mit Salz und etwas Zitronensaft abschmecken.

Lachs mit Spargel und Sauce nach Art Hollandaise

Für 2 Portionen

2 Lachsfilets (TK, etwa 250 g)
500 g frischer Spargel
(alternativ gefrorener Spargel)
1 Prise Salz

Für die Sauce nach Art Hollandaise:
3 Eigelb (von Eiern Größe L)
2 EL Wasser
2 EL Weißwein
50 g Butter
1 Spritzer Zitronensaft oder Zitronenkonzentrat
Salz, Pfeffer, Stevia

1 Portion (ca. 435 g): 575 kcal, 35,4 g Eiweiß (24,7 E%), 45,7 g Fett (70,7 E%), 5,2 g Kohlenhydrate (3,6 E%), 0,9 g Alkohol (1 E%)

Den Backofen auf 160° (Umluft) vorheizen.

Den Lachs in eine Auflaufform legen und etwa für 30 Minuten in den Backofen geben.

Den Spargel schälen und in Salzwasser in etwa 8 Minuten bissfest kochen.

Eigelb, Wasser und Weißwein verrühren und über dem Wasserbad mit einem Schneebesen aufschlagen, bis die Masse dicklich wird.

Die Butter in Flöckchen schneiden und unterrühren. Mit dem Zitronensaft, Salz, Pfeffer und einer Prise Stevia abschmecken. Sollte die Sauce zu dick sein, kann noch etwas Sahne eingerührt werden.

Blumenkohl in Senfsauce mit Ei

Für 2 Portionen

3 Eier (Größe L)
1 kleine Zwiebel
400 g frische Blumenkohlröschen (alternativ tiefgekühlter Blumenkohl)
300 ml Gemüsebrühe
1 EL Öl
75 ml Sahne
1 gestrichener TL Johannisbrotkernmehl
50 g Frischkäse (Sorte natur)
1 EL Senf
Salz, Pfeffer, Stevia

1 Portion (ca. 425 g): 445 kcal, 20,7 g Eiweiß (18,9 E%), 35,9 g Fett (72,5 E%), 9,5 g Kohlenhydrate (8,6 E%)

Die Eier hart kochen, etwas abkühlen lassen und pellen.

Die Zwiebel schälen und in kleine Würfel schneiden.

Die Blumenkohlröschen in Gemüsebrühe ca. 8 Minuten bissfest garen. Danach abgießen. Dabei 175 ml vom Kochsud auffangen. Das Gemüse beiseitestellen.

Das Öl in einem beschichteten Topf erhitzen. Die Zwiebelwürfel zugeben und etwa 3 Minuten dünsten. Mit der Sahne ablöschen und sofort das Johannisbrotkernmehl unterrühren. Mit dem Blumenkohlwasser aufgießen und alles kurz aufkochen lassen.

Anschließend Frischkäse und Senf unterrühren. Alles nach Geschmack mit Salz, Pfeffer und einer Prise Stevia würzen. Die Blumenkohlröschen zugeben und in der Sauce heiß werden lassen.

Alles auf einer Platte anrichten, die Eier vierteln und dekorativ darauf verteilen.

Blumenkohlfrikadellen

Für etwa 7 Stück

375 g Blumenkohl (küchenfertig gewogen)
etwas Salz für das Kochwasser
1 kleine Zwiebel
3 EL Öl
etwas gehackte Petersilie
1 Knoblauchzehe
1 Ei (Größe L)
1 gehäufter TL Guarkernmehl
10 g Kokosmehl (teilentölt)
etwas Kokosmehl zum Mehlieren
Salz, Pfeffer, Curry, Chili

1 Stück (ca. 80 g): 70 kcal, 3,1 g Eiweiß (17,2 E%), 5,6 g Fett (71,1 E%), 2,1 g Kohlenhydrate (11,7 E%)

Den Blumenkohl putzen, waschen und in kleine Röschen teilen. Anschließend für etwa 10 Minuten in kochendem Salzwasser garen.

In der Zwischenzeit die Zwiebel schälen und in Würfel schneiden.

1 EL Öl erhitzen und die Zwiebelwürfel darin zusammen mit der Petersilie 5 Minuten dünsten. Zum Ende den geschälten Knoblauch hineinpressen und kurz mit andünsten.

Das Kochwasser vom Blumenkohl abgießen und die Röschen klein stampfen. Die Masse für 5–10 Minuten abkühlen lassen.

Anschließend das Ei, die Zwiebelmasse und Gewürze zugeben und vermischen. Nun noch das Guarkernmehl darübersieben und zusammen mit dem Kokosmehl unterkneten.

Anschließend aus der Masse 7 Frikadellen formen und diese in Kokosmehl wälzen.

Das restliche Öl in einer beschichteten Pfanne erhitzen und die Frikadellen etwa 8 Minuten von jeder Seite langsam braten.

Tipp: Hierzu passt ein gemischter Salat nach Saison.

Käsespätzle

Für 4 Portionen

4 Eier (Größe L)
100 g Frischkäse (Sorte Kräuter)
1 gestrichener TL Salz
40 g Dinkelmehl (Type 630)
120 g Kichererbsenmehl
10 g Guarkernmehl
1 EL Öl
2 mittelgroße Zwiebeln
1 Knoblauchzehe
200 ml Sahne
100 ml Milch (1,5 % Fett)
100 g geriebener Emmentaler
etwas gehackte Petersilie
Salz, Pfeffer, Muskat

1 Portion (ca. 265 g): 570 kcal, 26,3 g Eiweiß (18,4 E%), 38,3 g Fett (62,3 E%), 27,8 g Kohlenhydrate (19,4 E%)

Den Backofen auf 175° (Umluft) aufheizen. In einem großen Topf Wasser zum Kochen bringen und etwas Salz zugeben.

Die Eier, den Frischkäse und das Salz mit einem Schneebesen gründlich verrühren. Nach und nach Dinkelmehl, Kichererbsenmehl und Guarkernmehl unterrühren. Die Masse anschließend ein paar Minuten stehen lassen.

Dann den Teig portionsweise durch eine Spätzlepresse, eine Nudelfee oder auf ein Spätzlebrett geben und in das kochende Wasser drücken/schaben. Kurz aufkochen lassen. Spätzle anschließend mit einer Schaumkelle herausnehmen und in heißes Wasser geben, damit sie nicht zusammenkleben.

Das Öl in einem Topf oder einer höheren Pfanne erhitzen. Die Zwiebeln schälen und in Ringe schneiden. Anschließend für etwa 5 Minuten im heißen Öl braten. Den Knoblauch schälen, pressen und zufügen.

Mit Sahne und Milch ablöschen. Etwa die Hälfte vom geriebenen Käse zugeben und alles kurz aufkochen. Mit Salz, Pfeffer, Muskat und Petersilie würzen.

Die Spätzle abseihen, dazugeben und unterrühren. Alles in eine Auflaufform geben und mit dem restlichen Käse bestreuen. Für etwa 20 Minuten überbacken.

Infos: Sollte der Teig zu dick sein, einfach etwas Wasser zugeben, bis er die gewünschte Konsistenz erreicht hat.

Details zur Einschätzung des Kohlenhydratgehalts der Spätzle finden Sie auf Seite 24.

Tipp: Zu den Käsespätzle passt eine große Portion grüner oder gemischter Salat, der mit einem guten Öl angemacht ist.

Mediterrane Gemüsepfanne

Für 2 Portionen

1 rote Zwiebel
1 rote Paprikaschote
250 g frische Champignons
175 g Tomaten
5 EL Öl
1 Knoblauchzehe
75 g grüne Oliven, gefüllt mit Paprika
etwas gehackte Petersilie
125 g Mozzarella
Salz, Paprika, Pfeffer, Stevia

1 Portion (ca. 455 g): 525 kcal, 18,2 g Eiweiß (13,7 E%), 45,3 g Fett (77,6 E%), 11,5 g Kohlenhydrate (8,7 E%)

Den Backofen auf 175° (Umluft) vorheizen.

Die Zwiebel schälen und in Ringe schneiden. Die Paprika halbieren, entkernen, waschen und in Streifen schneiden. Die Champignons putzen und ebenfalls in Scheiben schneiden. Die Tomaten waschen und entweder in Scheiben oder in Ecken schneiden. Zunächst alles beiseitestellen.

Das Öl in einer beschichteten Pfanne (backofenfest) erhitzen. Die Zwiebelringe zugeben und etwa 3 Minuten dünsten. Dann den vorbereiteten Paprika und die Champignons zufügen und alles für weitere 5 Minuten dünsten. Den Knoblauch schälen, pressen und in die Pfanne geben.

Oliven zufügen und alles für etwa 2 Minuten weiter dünsten. Anschließend die gehackte Petersilie zufügen und das Ganze nach Geschmack mit Salz, Pfeffer, Paprika und einer Prise Stevia würzen.

Zum Schluss die vorbereiteten Tomaten zugegeben und alles vorsichtig vermengen. Den Mozzarella in Stücke schneiden und gleichmäßig auf dem Gemüse verteilen. Das Ganze für etwa 10 Minuten im Backofen überbacken.

Pfannkuchen I

Für 4 Stück

3 Eier (Größe L)
25 g geschmacksneutrales Eiweißpulver
45 ml Milch (3,5 % Fett)
50 ml Wasser
1 Prise Salz
2 EL Öl

1 Stück (ca. 85 g): 140 kcal, 11 g Eiweiß (31,6 E%), 10 g Fett 63,3 E%), 1,8 g Kohlenhydrate (5,1 E%)

Alle Zutaten bis auf das Öl mit dem Schneebesen verrühren.

Etwas Öl in einer beschichteten Pfanne (ca. 22 cm Durchmesser) erhitzen. Etwas Teig in die Pfanne geben, Pfanne schräg halten, damit der Teig sich verteilen kann. Den Pfannkuchen von beiden Seiten langsam ausbacken. Den Vorgang so lange wiederholen, bis der Teig aufgebraucht ist.

Tipp: Zu den Pfannkuchen passen z. B. die Champignons in Kräutercreme von Seite 107.

Pfannkuchen II

Für 5 Stück

3 Eier (Größe L)
75 g Frischkäse (Sorte natur)
50 ml Milch (3,5 % Fett)
1 leicht gehäufter TL Johannisbrotkernmehl
30 g Kichererbsenmehl
2 EL Öl
Salz

1 Stück (ca. 75 g): 180 kcal, 7,9 g Eiweiß (18,9 E%), 12,9 g Fett (70,6 E%), 4,4 g Kohlenhydrate (10,5 E%)

Die Eier und den Frischkäse mit einem Schneebesen gründlich verrühren. Anschließend Milch und etwas Salz zugeben.

Zum Schluss das Johannisbrotkernmehl und das Kichererbsenmehl klümpchenfrei unterrühren. Den Teig etwa 5 Minuten ruhen lassen.

Etwas Öl in einer beschichteten Pfanne (etwa 22 cm Durchmesser) erhitzen. Eine Portion Teig hineingeben und in der Pfanne verlaufen lassen. Den Pfannkuchen auf mittlerer Hitze von beiden Seiten goldbraun backen. Den Vorgang so lange wiederholen, bis der Teig aufgebraucht ist.

Tipp: Wer eine süße Variante möchte, kann das Salz durch etwas Xylit ersetzen und die Pfannkuchen mit frischen Beeren genießen.

Gemüsepuffer

Für ca. 6 Puffer

150 g Karotten
150 g Kohlrabi
15 g zarte Haferflocken
2 Eier (Größe L)
1 gehäufter TL Johannisbrotkernmehl
1 EL Öl
Salz, Pfeffer

1 Stück (ca. 65 g): 70 kcal, 4 g Eiweiß (23,4 E%), 4 g Fett (50,7 E%), 4,5 g Kohlenhydrate (25,9 E%)

Die Karotten und den Kohlrabi waschen und schälen. Danach grob raspeln.

Haferflocken darüber geben und unterrühren. Anschließend die Eier zufügen und alles miteinander vermischen. Das Johannisbrotkernmehl darübersieben und gründlich unterrühren. Die Masse nach Geschmack mit Salz und Pfeffer würzen.

Das Öl in einer beschichteten Pfanne erhitzen. Mit einem Esslöffel die Masse portionsweise hineingeben und platt drücken, damit es Puffer ergibt.

Diese bei mittlerer Hitze etwa 12 Minuten braten. Erst wenden, wenn sie von einer Seite fast fertig sind, sonst zerbrechen sie.

Kürbis-Lauch-Omelett

Für 2 Portionen

150 g Hokkaido-Kürbis (küchenfertig gewogen)
125 g Lauch (küchenfertig gewogen)
1 EL Öl
3 Eier (Größe L)
2 EL Sahne
etwas gehackte Petersilie
Salz, Pfeffer, Curry

1 Portion (ca. 265 g): 200 kcal, 14,2 g Eiweiß (28,6 E%), 12,6 g Fett (55,8 E%), 7,8 g Kohlenhydrate (15,6 E%)

Das Kürbisstück schälen und die Kerne entfernen. Danach das Kürbisfleisch grob raspeln.

Den Lauch putzen, waschen und in feine Ringe schneiden.

Das Öl in eine Pfanne geben und den Lauch darin für etwa 5 Minuten glasig dünsten. Anschließend den Kürbis zufügen und für weitere 5 Minuten mitdünsten.

Die Eier mit der Sahne und den Gewürzen verschlagen und über das Gemüse gießen. Nun einen Deckel auf die Pfanne auflegen und das Ganze für 5–10 Minuten stocken lassen.

Vor dem Servieren das Omelett mit der Petersilie bestreuen.

Überraschungspäckchen »ratzfatz«

Für 2 Portionen

250 g Cocktailtomaten
50 g Oliven ohne Stein (Glas)
75 g Paprika in Streifen (Glas)
75 g Champignons (Glas)
2 hart gekochte Eier
75 g Schmelzkäse (neutral oder in einer Geschmacksrichtung nach Wahl)
125 g Mozzarella
Salz, Pfeffer

1 Portion (ca. 390 g): 405 kcal, 27,1 g Eiweiß (27,7 E%), 28,3 g Fett (64 E%), 8,1 g Kohlenhydrate (8,3 E%)

Den Backofen auf 175° (Umluft) vorheizen. 2 Streifen Alufolie von jeweils etwa 35 cm Länge kreuzen und in eine Auflaufform legen, sodass eine Art »Nest« entsteht.

Die Cocktailtomaten waschen und zusammen mit dem anderen, abgetropften Gemüse auf die Alufolie geben. Die hart gekochten Eier in Scheiben schneiden und darüber verteilen. Mit etwas Salz und Pfeffer würzen.

Den Schmelzkäse in kleinen Klecksen darüber verteilen. Den Mozzarella in Stücke schneiden und ebenfalls darüber verteilen.

Die Alufolie schließen und das Ganze für etwa 20 Minuten in den Backofen geben. Anschließend die Alufolie öffnen und das Päckchen für weitere 10 Minuten überbacken.

Info: Dieses Rezept lässt sich auch mit frischem Gemüse zubereiten. Das Gemüse sollte dann allerdings etwas vorgegart oder die Backzeit entsprechend verlängert werden.

Asiatische Gemüsepfanne

Für 2 Portionen

1 mittelgroße Zwiebel
2 Karotten
1 rote Paprikaschote
225 g frische Champignons
175 g frische Mungbohnensprossen
7 EL Olivenöl
1–2 EL Sojasauce
Salz, Chili

1 Portion (ca. 430 g): 450 kcal, 13 g Eiweiß (11,7 E%), 36,8 g Fett (72,7 E%), 17,5 g Kohlenhydrate (15,6 E%)

Die Zwiebel schälen, halbieren und in Scheiben schneiden. Die Karotten putzen, waschen, der Länge nach halbieren und in dünne Scheiben schneiden. Die Paprikaschote waschen, die Kerne entfernen und die Schote in Streifen schneiden. Die Champignons putzen und je nach Größe vierteln oder in Scheiben schneiden. Die Mungbohnensprossen waschen.

4 EL Olivenöl in einer Pfanne erhitzen. Die Zwiebelringe hineingeben und kurz anbraten. Karotten und Paprika zugeben und alles für etwa 5 Minuten bei mittlerer Hitze dünsten. Dabei gelegentlich umrühren.

Die Champignons und die Mungbohnensprossen sowie das restliche Olivenöl dazugeben und die Pfanne mit einem Deckel schließen. Das Gemüse für etwa 8 Minuten bissfest garen. Dabei gelegentlich umrühren. Gegen Ende der Garzeit den Deckel wieder abnehmen. Zum Schluss alles nach Geschmack mit Sojasauce, Salz und Chili würzen.

Tipp: Hierzu passt ganz toll gegrillter Fisch.

Info: Frische Mungbohnensprossen sind in den meisten Asiashops erhältlich. Sie schmecken süßlich, sind reich an Vitaminen, Mineralien und Ballaststoffen. Wer möchte, kann die Sprossen auch zu Hause selber keimen lassen.

Champignons in Kräutercreme

Für 2 Portionen

300 g frische Champignons
60 g roher Schinken
1 mittelgroße Zwiebel
1 EL Öl
etwas gehackte Petersilie
100 g Frischkäse (Sorte Kräuter)
50 ml Sahne
25 ml Wasser
1 leicht gehäufter TL Johannisbrotkernmehl
Salz, Pfeffer

1 Portion (ca. 250 g): 320 kcal, 17 g Eiweiß (21,3 E%), 26,2 g Fett (72,5 E%), 5 g Kohlenhydrate (6,2 E%)

Die Champignons putzen und je nach Größe vierteln oder in Scheiben schneiden. Den Schinken würfeln.

Die Zwiebel schälen und in Würfel schneiden. Das Öl in einem Topf erhitzen und die Zwiebelwürfel darin für etwa 5 Minuten glasig dünsten.

Die Champignons hinzugeben und etwa 5 Minuten mit dünsten. Dann Schinkenwürfel und Petersilie zugeben und kurz mit andünsten.

Frischkäse, Sahne und Wasser zugeben. Sofort das Johannisbrotkernmehl klümpchenfrei unterrühren. Alles kurz aufkochen lassen und mit Salz und Pfeffer abschmecken.

Tipp: Ohne Schinken passt diese Beilage auch prima zu gegrilltem Fleisch.

Gemüse mit Sauce nach Art Bechamel

Für 2 Portionen

300 g Gemüse (z. B. Blumenkohl, Brokkoli, Möhren, Kohlrabi)
1 EL Öl
1 kleine Zwiebel
275 ml Gemüsebrühe (Kochsud)
100 ml Sahne
1 leicht gehäufter TL Johannisbrotkernmehl
etwas gehackte Petersilie
Salz, Pfeffer, Chili

1 Portion (ca. 370 g): 265 kcal, 5,6 g Eiweiß (8,5 E%), 23,9 g Fett (80,7 E%), 7,1 g Kohlenhydrate (10,8 E%)

Gemüse in Salzwasser bissfest kochen. Danach in ein Sieb abgießen und 275 ml Kochsud auffangen. Das Gemüse beiseitestellen.

Das Öl in einem Topf erhitzen. Die Zwiebel schälen, in kleine Würfel schneiden und darin etwa 5 Minuten glasig dünsten. Mit dem Gemüsekochsud und der Sahne ablöschen. Anschließend sofort das Johannisbrotkernmehl klümpchenfrei unterrühren.

Das Ganze kurz aufkochen lassen, Petersilie zugeben und die Sauce mit Salz, Pfeffer und Chili würzen. Zum Schluss das Gemüse hineingeben und heiß werden lassen.

Tipp: Zum Gemüse in Sauce nach Art Bechamel passt z. B. Bratwurst.

Kohlrabigemüse

Für 2 Portionen

400 g Kohlrabi
100 g Frischkäse (Sorte natur)
50 ml Sahne
1 gestrichener TL Johannisbrotkernmehl
Kräuter (z. B. Petersilie) nach Geschmack
Salz, Chili, Stevia

1 Portion (ca. 400 g): 280 kcal, 9,3 g Eiweiß (13,3 E%), 23,9 g Fett (75,3 E%), 8 g Kohlenhydrate (11,4 E%)

Den Kohlrabi schälen, vierteln und in Scheiben schneiden. Danach die Stücke in Salzwasser etwa 10 Minuten kochen lassen. Anschließend in ein Sieb abgießen und dabei 250 ml vom Kochsud auffangen.

Den Sud in einen beschichteten Topf geben, den Frischkäse darin schmelzen und das Ganze für etwa 5 Minuten leicht köcheln lassen.

Sahne in ein Schälchen geben, das Johannisbrotkernmehl zufügen und gründlich umrühren, damit es keine Klümpchen gibt. Danach mit einem Schneebesen in die Frischkäsesauce rühren.

Diese mit Kräutern sowie Salz, Chili und einer Prise Stevia abschmecken. Den Kohlrabi zugeben und in der Sauce erhitzen.

Info: Zum Kohlrabigemüse passt gebratener Fleischkäse oder auch ein Spiegelei.

Kürbisspalten aus dem Backofen

Für 2 Portionen

400 g Hokkaido-Kürbis
2 EL Olivenöl
Salz, Paprika, Knoblauch granuliert, Curry

1 Portion (ca. 185 g): 130 kcal, 2 g Eiweiß (5,9 E%), 10,2 g Fett (69,4 E%), 8 g Kohlenhydrate (24,7 E%)

Den Backofen auf 200° (Umluft) vorheizen und ein Backblech mit Backpapier belegen.

Den Kürbis schälen, die Kerne entfernen und das Kürbisfleisch in dünne Scheiben bzw. wie Pommes schneiden und in eine Schüssel geben.

Öl und Gewürze zufügen, alles miteinander mischen und auf dem Backblech verteilen.

Nun auf der oberen Schiene im Backofen backen, bis der Kürbis an den Rändern braun ist.

Tipp: Man kann zum Würzen auch Pommesgewürz verwenden.

Info: Passt als Beilage zu Fleischgerichten.

Möhrengemüse

Für 2 Portionen

400 g Möhren
1 kleine Zwiebel
1 EL Olivenöl
275 ml Gemüsebrühe (Kochsud)
50 g Schmelzkäse (Sorte Sahne)
1 gestrichener TL Johannisbrotkernmehl
50 ml Sahne
Salz, Chili, Stevia

1 Portion (ca. 390 g): 290 kcal, 11,3 g Eiweiß (15,7 E%), 18,5 g Fett (57,1 E%), 19,5 g Kohlenhydrate (27,2 E%)

Die Möhren schälen und in Scheiben schneiden. Die Zwiebel schälen und in kleine Würfel schneiden.

Die Möhren in Gemüsebrühe etwa 7 Minuten bissfest kochen. Danach in ein Sieb abgießen und dabei 275 ml vom Kochsud auffangen. Die Möhren beiseitestellen.

Das Olivenöl in einem beschichteten Topf erhitzen und die Zwiebelwürfel darin glasig dünsten. Mit dem Kochsud ablöschen. Den Schmelzkäse zugeben. Dann sofort das Johannisbrotkernmehl mit einem Schneebesen unterrühren. Alles aufkochen und ein paar Minuten leicht köcheln lassen.

Die Sauce abschließend mit der Sahne verfeinern und mit Salz, Chili und einer Prise Stevia abschmecken. Dann die gekochten Möhren zufügen und in der Sauce erhitzen.

Nudeln

Für 4 Portionen

50 g Dinkelmehl (Type 630)
200 g + 10 g Kichererbsenmehl
2 Eier (Größe L)
½ TL Salz
50 g Frischkäse (Sorte Kräuter)
10 g Guarkernmehl
2 EL Olivenöl
1 leicht gehäufter TL Kräuterpesto
etwas Kichererbsenmehl zum Auslegen der Teigplatten

1 Portion (ca. 120 g Rohgewicht): 335 kcal, 17 g Eiweiß (20,2 E%), 14,1 g Fett (38 E%), 35,1 g Kohlenhydrate (41,8 E%)

Alle Zutaten, außer den 10 g Kichererbsenmehl, zu einem geschmeidigen Teig verarbeiten. Anschließend die 10 g Kichererbsenmehl darüberstreuen und nur grob in den Teig einarbeiten.

Salzwasser zum Kochen bringen.

Den Teig in mehreren Portionen, am besten mit einer Nudelmaschine, dünn ausrollen. Die Teigplatten auf Kichererbsenmehl legen. Anschließend zu Bandnudeln schneiden. Alternativ kann der Teig auch mit einem Wellholz ganz dünn ausgerollt und zu Bandnudeln geschnitten werden.

Die Nudeln, je nach Dicke, etwa 3–5 Minuten kochen.

Info: Details zur Einschätzung des Kohlenhydratgehalts der Nudeln finden Sie auf Seite 24.

Spätzle

Für 2 Portionen

2 Eier (Größe L)
50 g Frischkäse (Sorte Kräuter)
½ TL Salz
20 g Dinkelmehl, Typ 630
60 g Kichererbsenmehl
5 g Guarkernmehl

1 Portion (ca. 135 g Rohgewicht): 280 kcal, 17,1 g Eiweiß (24,5 E%), 13 g Fett (42,4 E%), 23,1 g Kohlenhydrate (33,1 E%)

In einem großen Topf Wasser zum Kochen bringen und etwas Salz zugeben.

Die Eier, den Frischkäse und das Salz mit einem Schneebesen gründlich verrühren. Nach und nach die restlichen Zutaten unterrühren und das Ganze anschließend ein paar Minuten stehen lassen.

Danach den Teig portionsweise durch eine Spätzlepresse, eine Nudelfee oder auf ein Spätzlebrett geben und in das kochende Wasser drücken/schaben. Kurz aufkochen lassen. Spätzle mit einer Schaumkelle herausnehmen und in ein Sieb geben.

Infos: Sollte der Teig zu dick sein, einfach etwas Wasser zugeben, bis die gewünschte Konsistenz erreicht ist.

Details zur Einschätzung des Kohlenhydratgehalts der Spätzle finden Sie auf Seite 24.

Tipp: Wie »normale« Spätzle auch, passen diese kohlenhydratreduzierten Spätzle zu Fleischgerichten aller Art.

Karottennudeln

Für 2 Portionen

400 g Karotten
10 g Butter
Salz, Pfeffer

1 Portion (ca. 160 g): 130 kcal, 6 g Eiweiß (18,8 E%), 4,7 g Fett (32,8 E%), 15,3 g Kohlenhydrate (48,4 E%)

Die Karotten schälen und waschen. Danach mit einem Sparschäler in dünne Streifen schneiden, vergleichbar mit Bandnudeln.

Die Karottenstreifen 2 Minuten in kochendem Salzwasser blanchieren und anschließend in ein Sieb abgießen.

Die Butter in einer beschichteten Pfanne erhitzen und die Karottennudeln darin etwa 7 Minuten dünsten.

Tipp: Als Alternative können Sie auch Zucchini oder Kohlrabi verwenden.

Eiernudeln

Für 2 Portionen

3 Eier (Größe L)
75 g Frischkäse (Sorte Kräuter)
30 g Kichererbsenmehl
1 gestrichener TL Johannisbrotkernmehl

1 Portion (ca. 150 g): 275 kcal, 17,7 g Eiweiß (25,8 E%), 18,2 g Fett (60,1 E%), 9,7 g Kohlenhydrate (14,1 E%)

Den Backofen auf 175° (Umluft) vorheizen. Ein Backblech mit Backpapier belegen.

Die Eier in eine Schüssel geben. Den Frischkäse mit einem Schneebesen unterrühren. Kichererbsenmehl und Johannisbrotkernmehl zugeben und ebenfalls mit dem Schneebesen klümpchenfrei unterrühren.

Die Masse auf das Backblech geben und dünn zu einem Rechteck verstreichen. Im vorgeheizten Backofen für etwa 10 Minuten backen.

Die Teigplatte ein wenig abkühlen lassen. Anschließend das Backpapier vorsichtig entfernen. Die Nudelplatte aufrollen und in eine Art breite Nudeln schneiden.

Tipp: Die Nudeln passen beispielsweise gut zu Gulasch oder Hackfleischsauce.

Rettichgratin

Für 3 Portionen

1 EL Öl
600 g weißer Rettich
200 g Schmand
100 ml Milch (3,5 % Fett)
1 leicht gehäufter TL Johannisbrotkernmehl
50 g geriebener Gouda
Salz, Pfeffer

1 Portion (ca. 280 g): 360 kcal, 7,9 g Eiweiß (8,9 E%), 33,2 g Fett (83,5 E%), 6,5 g Kohlenhydrate (7,6 E%)

Den Backofen auf 175° (Umluft) vorheizen. Eine Auflaufform mit Deckel mit dem Öl einfetten.

Den Rettich schälen, in dünne Scheiben hobeln und 5 Minuten in Salzwasser kochen.

Den Schmand mit der Milch verrühren. Das Johannisbrotkernmehl mit einem Schneebesen unterrühren. Alles nach Geschmack mit Salz und Pfeffer würzen.

Eine Schicht aus den vorbereiteten Rettichscheiben in die Auflaufform setzen und etwas von der Schmand-Milch-Mischung darüber geben. Diesen Vorgang noch etwa zweimal wiederholen.

Abschließend den geriebenen Käse gleichmäßig verteilen. Die Auflaufform mit dem Deckel verschließen und für 30 Minuten in den Ofen geben. Danach geöffnet weitere 15 Minuten überbacken.

Selleriepüree

Für 2 Portionen

400 g Sellerie (küchenfertig gewogen)
1 EL Öl
1 TL Zitronensaft
etwas Gemüsebrühe
20 g Schmelzkäse (Sorte Sahne)
Salz

1 Portion (ca. 210 g): 115 kcal, 4,1 g Eiweiß (14,4 E%), 9,1 g Fett (70,7 E%), 4,2 g Kohlenhydrate (14,9 E%)

Den Sellerie schälen und anschließend in kleine Würfel schneiden.

Das Öl in einem beschichteten Topf erhitzen und den Sellerie zufügen. Mit dem Zitronensaft und ganz wenig Gemüsebrühe ablöschen. (Gerade so viel Gemüsebrühe verwenden, damit der Sellerie dünsten kann.)

Den Sellerie etwa 30 Minuten richtig weich dünsten.

Anschließend das Gemüse in ein schmales, hohes Gefäß geben, Schmelzkäse und Salz zufügen. Die Mischung mit einem Pürierstab zu Püree verarbeiten.

Helle Kräutersauce

Für 4 Portionen

100 ml Sahne
100 ml Milch (3,5 % Fett)
325 ml Wasser
1 leicht gehäufter TL Johannisbrotkernmehl
Kräuter nach Geschmack (z. B. Dill, Schnittlauch und Petersilie)
Salz

1 Portion (ca. 135 g): 95 kcal, 1,7 g Eiweiß (7 E%), 8,8 g Fett (83 E%), 2,4 g Kohlenhydrate (10 E%)

Sahne, Milch und Wasser in einen beschichteten Topf geben. Das Johannisbrotkernmehl sofort klümpchenfrei unterrühren.

Alles kurz aufkochen lassen und nach Geschmack salzen. Die Kräuter kurz vor dem Servieren unterrühren.

Tipp: Diese Sauce passt perfekt zu Fisch.

Knoblauchdip

Für 2 Portionen

50 g Speisequark (20 % Fett)
50 g Mayonnaise
1 EL Sahne
10 g Tomatenmark
5 g Senf
1 Knoblauchzehe
1 kleine Zwiebel
Salz, Pfeffer, Stevia

1 Portion (ca. 60 g): 240 kcal, 4,3 g Eiweiß (7,1 E%), 23,7 g Fett (87,1 E%), 3,5 g Kohlenhydrate (5,8 E%)

Den Quark mit der Mayonnaise und der Sahne glatt rühren. Das Tomatenmark zusammen mit dem Senf unterrühren.

Die Knoblauchzehe schälen und pressen. Die Zwiebel schälen und fein würfeln. Zusammen mit dem Knoblauch unterrühren. Mit Salz, Pfeffer und einer Prise Stevia abschmecken.

Tipp: Der Dip passt sehr gut zu gegrilltem Fleisch oder auch zu rohem Paprika, Karotten und anderen Gemüsesorten.

Meerrettichsauce

Für 2 Portionen

1 EL Öl
15 g Kokosmehl
350 ml Wasser
150 ml Sahne
1 gestrichener TL Johannisbrotkernmehl
etwas Meerrettich
(frisch oder aus dem Glas)
Salz, Stevia

1 Portion (ca. 265 g): 290 kcal, 3,5 g Eiweiß (4,7 E%), 29,6 g Fett (90,7 E%), 3,4 g Kohlenhydrate (4,5 E%)

Das Öl in einem beschichteten Topf erhitzen. Kokosmehl einrühren und anschließend mit Wasser und Sahne ablöschen. Dann sofort das Johannisbrotkernmehl klümpchenfrei unterrühren.

Alles aufkochen und dann für 10 Minuten ziehen lassen, damit das Kokosmehl bindet. Zum Schluss die Sauce mit Meerrettich, Salz und einer Prise Stevia abschmecken.

Tipp: Die Meerrettichsauce passt hervorragend zu Siedfleisch oder Fisch.

Erdnusssauce

Für 4 Portionen

400 ml Wasser
150 ml Sahne
1 Spritzer Zitronensaft
75 g Erdnussbutter
1 leicht gehäufter TL Johannisbrotkernmehl
Salz, Cayenne, Sojasauce, Stevia

1 Portion (ca. 160 g): 230 kcal, 6,5 g Eiweiß (11,3 E%), 21,1 g Fett (83,3 E%), 3,1 g Kohlenhydrate (5,4 E%)

Wasser und Sahne in einen beschichteten Topf geben. Zitronensaft und Erdnussbutter zugeben. Das Johannisbrotkernmehl sofort klümpchenfrei unterrühren.

Alles aufkochen lassen und mit den Gewürzen abschmecken.

Tipp: Diese Sauce passt sehr gut zu Schweine-, Rind- oder Hühnchenfleisch.

Info: Die im Rezept verwendete Erdnussbutter hat einen Kohlenhydratanteil von 9,3 g pro 100 g.

Matjessalat

Für 3 Portionen

250 g Matjes
1 kleine Zwiebel
½ Apfel
90 g Essiggurken (mit Stevia)
50 g Mayonnaise
20 g Naturjoghurt (3,5 % Fett)
10 g Senf (mittelscharf)
20 g Meerrettich (Glas)
etwas Zitronensaft
Pfeffer

1 Portion (ca. 185 g): 360 kcal, 12,9 g Eiweiß (14,3 E%), 31,4 g Fett (79 E%), 6 g Kohlenhydrate (6,7 E%)

Matjes in kleine Stücke schneiden und in eine Schüssel geben.

Zwiebel schälen und in kleine Würfel schneiden. Den Apfel schälen, das Kerngehäuse entfernen und das Fruchtfleisch fein würfeln. Die Essiggurken ebenfalls fein würfeln. Anschließend alles zum Matjes geben.

Nun die restlichen Zutaten zufügen und alles miteinander vermischen. Mindestens 1 Stunde im Kühlschrank durchziehen lassen.

Achtung: Nicht salzen, denn der Matjes ist bereits sehr salzig!

Tipp: Der Matjessalat passt zum selbst gebackenen Kastenbrot von Seite 165 oder zu den Brotmuffins von Seite 164.

Gemüsesauce

Für 4 Portionen

1 mittelgroße Zwiebel
1 kleine Zucchini (etwa 250 g)
1 grüne Paprikaschote
5 EL Olivenöl
1 Knoblauchzehe
400 g gehackte Tomaten (Dose)
150 ml Gemüsebrühe
1 gestrichener TL Johannisbrotkernmehl
1 gehäufter EL italienische Kräuter (TK)
Salz, Pfeffer

1 Portion (ca. 250 g): 150 kcal, 2,4 g Eiweiß (6,3 E%), 13,6 g Fett (80 E%), 5,2 g Kohlenhydrate (13,7 E%)

Die Zwiebel schälen und in Würfel schneiden. Die Zucchini waschen, ebenfalls schälen und der Länge nach halbieren. Die Hälften noch mals der Länge nach durchschneiden und dann in Scheiben schneiden. Paprika waschen, die Kerne entfernen und die Schote dann in Würfel schneiden.

Das Olivenöl in einer beschichteten Pfanne erhitzen. Die Zwiebelwürfel hineingeben und 3 Minuten dünsten. Anschließend Zucchini und Paprika zugeben. Die Knoblauchzehe schälen und hineinpressen. Alles bei mittlerer Hitze 5 Minuten dünsten. Dabei gelegentlich umrühren.

Die gehackten Tomaten sowie die Gemüsebrühe zugeben und alles umrühren. Nun sofort das Johannisbrotkernmehl sorgfältig unterrühren. Die Pfanne mit einem Deckel schließen, alles kurz aufkochen und dann auf kleiner Hitze etwa 20 Minuten köcheln lassen, bis das Gemüse gar ist. Dabei gelegentlich umrühren.

Alles mit Salz und Pfeffer abschmecken und ganz zum Schluss die Kräuter unterrühren.

Pikanter Aufstrich

Ergibt etwa 500 g fertigen Aufstrich

1 EL Öl
1 mittelgroße Zwiebel
75 g Salami
75 g gekochter Schinken
75 g Pilze (Glas)
etwas gehackte Petersilie
200 g Schmelzkäse (Sorte Sahne)
50 ml Sahne
Paprika, Salz, Pfeffer

1 Portion (ca. 50 g): 130 kcal, 6,1 g Eiweiß (18,4 E%), 11,9 g Fett (79,7 E%), 0,6 g Kohlenhydrate (1,9 E%)

Das Öl in einen beschichteten Topf geben und erhitzen. Die Zwiebel schälen und in kleine Würfel schneiden. Anschließend im heißen Öl etwa 5 Minuten glasig dünsten.

Salami, Schinken und die abgetropften Pilze ebenfalls in kleine Würfel schneiden, hinzugeben und kurz mit andünsten. Petersilie zugeben.

Nun den Schmelzkäse und die Sahne zufügen, unterrühren und bei mittlerer Hitze schmelzen lassen. Mit den Gewürzen abschmecken.

Kurz aufkochen lassen und dann die fertige Masse in ein hitzebeständiges Gefäß umfüllen. Sie festigt sich erst beim Auskühlen. Den erkalteten Aufstrich im Kühlschrank aufbewahren.

Tipp: Dieser Aufstrich kann ganz nach Geschmack gewürzt werden. Eine leckere Geschmacksvariante erhält man durch die Verwendung von Pizzagewürz.

Zigeunersauce

Für 4 Portionen

1 mittelgroße Zwiebel
60 g Gewürzgurke (mit Stevia)
100 g Paprika (Glas, Abtropfgewicht)
1 EL Öl
1 Knoblauchzehe
1 EL Tomatenmark
400 ml Wasser
1 leicht gehäufter TL Johannisbrotkernmehl
3 EL Sahne
Salz, Paprikapulver, Chili, Stevia, gekörnte Brühe

1 Portion (ca. 165 g): 55 kcal, 1 g Eiweiß (7 E%), 5 g Fett (80,5 E%), 1,8 g Kohlenhydrate (12,6 E%)

Die Zwiebel schälen und in Ringe schneiden. Gewürzgurken und die abgetropften Paprika klein würfeln.

Das Öl in einem Topf erhitzen. Die Zwiebelringe darin etwa 5 Minuten glasig dünsten. Den Knoblauch schälen, pressen, zugeben und kurz mit andünsten.

Das Tomatenmark zufügen und kurz mit anrösten. Das Ganze mit Wasser ablöschen, dann sofort das Johannisbrotkernmehl klümpchenfrei unterrühren.

Alles aufkochen und mit den Gewürzen abschmecken. Zum Schluss die gewürfelte Gewürzgurke und den gewürfelten Paprika in die Sauce geben und alles mit der Sahne verfeinern.

Tipp: Die Zigeunersauce passt prima zu Schnitzeln oder Minutensteaks.

Apfelküchle mit Vanillesauce

Für 4 Portionen
(je 2 Apfelküchle mit Sauce)

Für die Vanillesauce:
1 Ei (Größe L)
30 g Xylit
1 Vanilleschote
1 gestrichener TL Johannisbrotkernmehl
400 ml Milch (3,5 % Fett)
100 ml Sahne

Für die Apfelküchle:
2 Eier (Größe L)
40 g Xylit
60 g Speisequark (20 % Fett)
3 EL Milch (3,5 % Fett)
1 gehäufter TL Backpulver
1 gehäufter TL Johannisbrotkernmehl
25 g Mandelmehl (teilentölt)
10 g Kokosmehl (teilentölt)
1 mittelgroßer Apfel (etwa 150 g)
2–3 EL Öl
Zimt

1 Portion (ca. 260 g): 385 kcal, 16 g Eiweiß (16,6 E%), 25,3 g Fett (59,8 E%), 12,4 g Kohlenhydrate (12,9 E%), enthält zudem 17,5 g Zuckeralkohol (10,7 E%)

Für die Vanillesauce das Ei mit dem Xylit schaumig schlagen. Anschließend das Mark der Vanilleschote auskratzen und unterrühren.

Das Johannisbrotkernmehl darübersieben und ebenfalls unterrühren.

Nun noch die Milch und die Sahne unterrühren und anschließend alles in einen beschichteten Topf umfüllen und unter Rühren aufkochen lassen.

Für die Apfelküchle die Eier mit dem Xylit schaumig rühren. Anschließend Quark, Milch und Zimt unterrühren.

Backpulver und Johannisbrotkernmehl darübersieben und zusammen mit dem Mandel- und Kokosmehl unterrühren. Den Teig für etwa 5 Minuten ruhen lassen.

In der Zwischenzeit den Apfel waschen, schälen und vom Kerngehäuse befreien. Den Apfel in kleine Stückchen schneiden und unter den Teig ziehen.

In einer beschichteten Pfanne das Öl erhitzen. Mit einem Esslöffel kleine Häufchen Teig in die Pfanne geben und diese flach drücken. Bei kleiner Hitze langsam ausbacken (nicht schwimmend, eher wie einen Pfannkuchen). Erst wenn die Küchlein unten goldbraun sind, vorsichtig wenden und die zweite Seite fertig braten.

Stufe
Temp.
Restwärme - nicht berühren

Erdbeerpannacotta auf Fruchtspiegel

Für etwa 5 Muffinförmchen aus Silikon

Für die Creme:
125 g frische Erdbeeren
30 g Xylit
150 ml Sahne
100 ml Milch (3,5 % Fett)
3 Blatt Gelatine

Für den Fruchtspiegel:
300 g frische Erdbeeren
1 gestrichener EL Xylit

1 Portion (ca. 145 g): 155 kcal, 2,1 g Eiweiß (5,1 E%), 11,6 g Fett (64,3 E%), 6,6 g Kohlenhydrate (16,2 E%), enthält zudem 10 g Zuckeralkohol (14,4 E%)

Die Erdbeeren für die Creme waschen, den Strunk entfernen und die Früchte in kleine Stücke schneiden.

Xylit, Sahne und Milch in einen beschichteten Topf geben. Die Erdbeerstücke dazugeben und alles unter Rühren aufkochen. Auf kleiner Flamme 5 Minuten leicht köcheln lassen und dabei mehrfach umrühren. Danach alles gründlich mit dem Pürierstab pürieren.

In der Zwischenzeit die Gelatine für 5 Minuten in etwas Wasser einweichen. Anschließend leicht ausdrücken und mit einer kleinen Menge der pürierten Masse verrühren. Anschließend die angerührte Masse unter die restliche Creme rühren.

Nun alles auf Silikonmuffinförmchen verteilen und für ca. 4 Stunden in den Kühlschrank stellen.

In der Zwischenzeit die Erdbeeren für den Fruchtspiegel waschen und den Strunk entfernen. Die Erdbeeren mit dem Pürierstab zusammen mit dem Xylit fein pürieren.

Vor dem Servieren etwas von dem vorbereiteten Erdbeerpüree auf einen Dessertteller geben. Pannacottatörtchen aus dem Silikonförmchen stülpen und auf den Fruchtspiegel setzen.

Apfelkompott

Für 2 Portionen

10 g Butter
15 g Xylit
1 großer Apfel (etwa 200 g)
150 ml Wasser
etwas Zimt und Rum

1 Portion (ca. 90 g): 100 kcal, 0,3 g Eiweiß (1,1 E%), 4,2 g Fett (38,1 E%), 10,8 g Kohlenhydrate (43,2 E%), enthält zudem 7,5 g Zuckeralkohol (17,6 E%)

Die Butter in einem Topf schmelzen lassen. Das Xylit hinzugeben und bei starker Hitze karamellisieren lassen.

Den Apfel waschen, schälen, vierteln und das Kerngehäuse entfernen. Danach die Viertel in etwa 1 cm große Stücke schneiden. Den Apfel zur Karamellmasse geben und kurz mit anbraten.

Das Ganze mit Wasser ablöschen und für etwa 10 Minuten köcheln lassen. Zum Schluss nach Geschmack mit Zimt und eventuell etwas Rum verfeinern.

Joghurtmousse auf Beerenspiegel

Für 4 Portionen

Für die Mousse:
30 g gemahlenes Xylit
300 g Naturjoghurt (3,5 % Fett)
3 Blatt Gelatine
60 ml Wasser
125 g Sahne

Für den Beerenspiegel:
300 g Beerenmix (TK)
20 g Xylit

1 Portion (ca. 210 g): 200 kcal, 4,3 g Eiweiß (8,6 E%), 13 g Fett (59,6 E%), 8,4 g Kohlenhydrate (17 E%), enthält zudem 12,5 g Zuckeralkohol (14,8 E%)

Das gemahlene Xylit unter den Joghurt rühren.

Die Gelatine für etwa 5 Minuten im Wasser einweichen. Danach das Wasser etwas erwärmen, damit sie sich auflöst. Anschließend das Ganze unter die Joghurtmasse rühren.

Die Sahne steif schlagen und unter die Joghurtmasse heben. Diese für etwa 4 Stunden in den Kühlschrank stellen.

Die Beeren auftauen lassen, mit dem Xylit mischen und alles fein mixen.

Den Fruchtspiegel auf einen Teller geben. Von der Mousse Nocken abstechen und dekorativ auf den Beerenspiegel setzen.

Mascarponecreme mit Heidelbeeren

Für 4 Portionen

200 g Heidelbeeren (TK, ungezuckert)
1 EL Wasser
1 TL Xylit
250 g Speisequark (Magerstufe)
100 g Mascarpone
1 Spritzer Zitronensaft
Vanillearoma
3 gestrichene EL Xylit
180 ml Sahne

1 Portion (ca. 195 g): 320 kcal, 10,9 g Eiweiß (13,7 E%), 24,8 g Fett (70,5 E%), 7,3 g Kohlenhydrate (9,1 E%), enthält zudem 9 g Zuckeralkohol (6,6 E%)

Die Heidelbeeren etwas antauen lassen, anschließend mit dem Wasser und dem Xylit für etwa 40 Sekunden in der Mikrowelle erwärmen und beiseitestellen.

Quark, Mascarpone, Zitronensaft, Vanillearoma, 2 EL Xylit und etwa 3 EL von der Sahne zu einer glatten Creme verrühren. Dabei nur so viel Sahne verwenden, dass eine glatte Creme entsteht.

Die restliche Sahne steif schlagen und kurz vor Ende das restliche Xylit zufügen. Anschließend die geschlagene Sahne unter die Quarkcreme heben.

Zum Servieren abwechselnd Crememasse und Heidelbeeren in Dessertgläser schichten.

Kokos-Zitronen-Nocken

Für 2 Portionen

150 g Speisequark (20 % Fett)
20 g Kokosflocken
etwas Schalenabrieb von 1 Bio-Zitrone
100 ml Sahne
1 EL Xylit
250 g frische Erdbeeren

1 Portion (ca. 265 g): 350 kcal, 12,3 g Eiweiß (14,1 E%), 26,7 g Fett (69,5 E%), 11,4 g Kohlenhydrate (13,1 E%), enthält zudem 5 g Zuckeralkohol (3,4 E%)

Den Quark mit den Kokosflocken und der Zitronenschale verrühren.

Die Sahne steif schlagen. Kurz vor Ende das Xylit zugeben. Nun die steif geschlagene Sahne unter die Kokosmasse heben.

Die Erdbeeren waschen und in Spalten schneiden. Von der Kokosmasse Nocken abstechen und mit den Erdbeeren dekorativ anrichten.

Tipp: Für das Dessert können Sie – je nach Saison – auch viele andere Beeren- oder Obstarten verwenden. Alternativ können Sie die Kokosmasse dann mit Vanillearoma anstatt mit Zitronenabrieb abschmecken.

Omas Quarkspeise

Für 4 Portionen

200 g frische Erdbeeren
250 g Speisequark (20 % Fett)
Vanillearoma
2 gestrichene EL Xylit
150 ml Sahne

1 Portion (ca. 155 g): 210 kcal, 9,1 g Eiweiß (17,4 E%), 15,3 g Fett (66,2 E%), 5,7 g Kohlenhydrate (10,9 E%), enthält zudem 5 g Zuckeralkohol (5,6 E%)

Die Erdbeeren waschen und fein pürieren. Dann Quark, Vanillearoma und 1 gestrichenen EL Xylit unterrühren.

Die Sahne steif schlagen und gegen Ende das restliche Xylit zugeben. Kurz vor dem Servieren die Sahne vorsichtig unter die Quarkmasse heben.

Tipp: Schmeckt auch lecker mit Himbeeren oder anderem Obst.

Orangenmousse

Für 4 Portionen

2 Orangen
35 g Xylit
3 Blatt Gelatine
300 g Naturjoghurt (3,5 % Fett)
Vanillearoma, Orangenaroma
150 ml Sahne

1 Portion (ca. 165 g): 205 kcal, 4,2 g Eiweiß (8,3 E%), 14,8 g Fett (65,6 E%), 8,1 g Kohlenhydrate (15,8 E%), enthält zudem 9 g Zuckeralkohol (10,3 E%)

Eine der beiden Orangen auspressen und 75 ml Saft in ein kleines Töpfchen geben. Xylit dazugeben und mit einem Schneebesen unterrühren, damit er sich auflöst.

Gelatine für etwa 5 Minuten in Wasser einweichen. In der Zwischenzeit den Orangensaft mit dem Xylit erwärmen.

Den Joghurt in eine Schüssel geben und mit den Aromen vermischen. Die Sahne steif schlagen.

Die ausgedrückte Gelatine mit einem Schneebesen in den erwärmten Orangensaft einrühren und auflösen. Anschließend 2 Löffel von der Joghurtmasse unterrühren. Dann die Gelatinemasse in die restliche Joghurtmasse einrühren.

Zum Schluss die steif geschlagene Sahne unterheben. Danach die Mousse für mindestens 4 Stunden in den Kühlschrank stellen, sodass sie fest wird.

Vor dem Servieren die zweite Orange schälen und in dünne Scheiben schneiden. Von der Mousse Nocken formen, auf einen Teller geben und mit den Orangenscheiben verzieren.

Quarkauflauf

Für 2 Portionen (für eine kleine, etwa 14 x 20 cm große Auflaufform)

5 g Butter
1 Ei (Größe L)
25 g Xylit
200 g Speisequark (20 % Fett)
1 gestrichener TL Johannisbrotkernmehl
1 gestrichener TL Backpulver
75 g ungezuckerte Heidelbeeren (TK)
15 g gehobelte Mandeln
Zimt

1 Portion (ca. 200 g): 265 kcal, 18,6 g Eiweiß (28,3 E%), 14,4 g Fett (49,8 E%), 7 g Kohlenhydrate (10,7 E%), enthält zudem 12,5 g Zuckeralkohol (11,2 E%)

Backofen auf 160° (Umluft) vorheizen. Die Auflaufform mit etwas Butter einfetten.

Das Ei trennen und das Eiweiß steif schlagen.

Das Eigelb mit Xylit, Zimt und dem Quark glatt rühren. Anschließend das Johannisbrotkernmehl und das Backpulver darübersieben und unterrühren.

Den Eischnee vorsichtig unter die Masse heben. Die Quarkmasse in die vorbereitete Auflaufform geben. Die Heidelbeeren darauf verteilen und die gehobelten Mandeln darüberstreuen.

Im vorgeheizten Backofen 40 Minuten backen. Nach etwa der Hälfte der Backzeit die Form mit Alufolie abdecken. Den Auflauf noch heiß servieren.

Überbackene Heidelbeeren

**Für 4 Portionen
(4 kleine Auflaufförmchen oder
8 Silikonmuffinförmchen)**

150 g Heidelbeeren (TK, ungezuckert)
2 EL Xylit
1 Ei (Größe L)
100 ml Sahne
75 g Mascarpone
1 leicht gehäufter TL Johannisbrotkernmehl
25 g Dinkelmehl (Type 630)
Zimt, Schalenabrieb von 1 Bio-Zitrone

1 Portion (ca. 135 g): 220 kcal, 4,4 g Eiweiß (8 E%), 17,3 g Fett (71,7 E%), 8,2 g Kohlenhydrate (13 E%), enthält zudem 5 g Zuckeralkohol (5,3 E%)

Backofen auf 175° (Umluft) vorheizen.

Die Heidelbeeren mit 1 EL Xylit und etwas Zimt vermischen. Anschließend auf die Auflaufförmchen bzw. Silikonmuffinförmchen verteilen.

Das Ei trennen und das Eiweiß steif schlagen. Die Sahne ebenfalls steif schlagen.

Mascarpone mit dem restlichen Xylit, Zimt, Zitronenabrieb, Johannisbrotkernmehl, Dinkelmehl und dem Eigelb verrühren.

Den Eischnee und die Sahne vorsichtig unterheben.

Anschließend die Masse über den Heidelbeeren verteilen. ca. 25–30 Minuten backen. Nach etwa 15 Minuten mit Alufolie abdecken, damit sie nicht zu dunkel werden. Anschließend sofort servieren.

Waffeln »süß«

Für 5 Stück

50 g Butter
3 Eier (Größe L)
25 g Xylit
3 EL Sahne
1 Fläschchen Butter-Vanille-Aroma
50 g Speisequark (20 % Fett)
75 g gemahlene, blanchierte Mandeln
1 gehäufter TL Johannisbrotkernmehl
15 g Kokosmehl (teilentölt)
1 EL Öl

1 Stück (ca. 90 g): 275 kcal, 10,2 g Eiweiß (14,7 E%), 23,9 g Fett (77,8 E%), 2,3 g Kohlenhydrate (E%), enthält zudem 5 g Zuckeralkohol (4,2 E%)

Die Butter vorsichtig schmelzen lassen. Das Waffeleisen vorheizen.

Die Eier mit dem Xylit, der Sahne und dem Aroma schaumig schlagen. Nach und nach die geschmolzene Butter zugeben.

Dann den Quark und danach die gemahlenen Mandeln unterrühren. Anschließend das Johannisbrotkernmehl und das Kokosmehl gleichmäßig mit dem Schneebesen unterrühren, damit keine Klümpchen entstehen.

Das Waffeleisen mit etwas Öl einstreichen und nach und nach die Waffeln ausbacken.

Tipp: Sollte der Teig zu fest werden, einfach noch etwas Sahne zugeben.

Walnusscreme mit karamellisierten Pflaumen

Für 4 Portionen

Für die Walnusscreme:
35 g Xylit
2 TL Wasser
220 ml Sahne
5 g Butter
50 g Walnüsse (gehackt)
150 g Naturjoghurt (3,5 % Fett)
4 Blatt Gelatine
50 ml Milch (3,5 % Fett)

Für die karamellisierten Pflaumen:
400 g Pflaumen
1 EL Wasser
1 EL Xylit
Zimt

1 Portion (ca. 235 g): 370 kcal, 5,8 g Eiweiß (6,2 E%), 29,3 g Fett (70,9 E%), 15 g Kohlenhydrate (16 E%), enthält zudem 11 g Zuckeralkohol (6,9 E%)

Das Xylit in ein hitzestabiles beschichtetes Töpfchen oder eine entsprechende kleine Pfanne geben. Das Wasser gleich zugeben. Nun das Xylit auf großer Hitze schmelzen und das Wasser verdampfen lassen.

Auf großer Hitze mit 2 EL von der Sahne ablöschen und unter ständigem Rühren weiterkochen, bis eine braune Karamellsauce entsteht. Diese anschließend vom Herd nehmen und etwas abkühlen lassen.

In der Zwischenzeit die Butter in einer Pfanne schmelzen lassen und die gehackten Walnüsse kurz anrösten. Anschließend auskühlen lassen.

Den Joghurt in eine Schüssel geben. Die etwas abgekühlte Karamellsauce und die gehackten Walnüsse unterrühren.

Die Gelatine etwa 5 Minuten in etwas Wasser einweichen. In der Zwischenzeit die Milch in einem kleinen Topf erwärmen. Die Gelatine ausdrücken und dann in der Milch auflösen. Anschließend unter die Joghurtmasse rühren.

Die restliche Sahne steif schlagen und vorsichtig unter die Joghurtmasse rühren. Dann die Creme für etwa 4 Stunden in den Kühlschrank stellen, damit sie fest wird.

Die Pflaumen waschen, halbieren, den Stein entfernen und das Fruchtfleisch in Spalten schneiden.

Die klein geschnittenen Pflaumen mit dem Wasser in eine Pfanne geben. Das Xylit darüberstreuen und alles erhitzen. Je nach Pflaumensorte für etwa 5 Minuten dünsten.

Dann die Pfanne vom Herd nehmen und die Pflaumen mit Zimt bestreuen. Aus der Walnusscreme Nocken formen, diese auf einen Teller setzen und mit den noch heißen Pflaumen garnieren.

Tipp: Wer mag, kann zum Schluss noch einen Schuss Rum zu den Pflaumen geben.

Apfelkuchen

Für 8 Stück (18-cm-Springform)

1 mittelgroßer Apfel (125 g, geraspelt gewogen)
etwas Zitronensaft
3 Eier (Größe L)
65 g Xylit
½ Fläschchen Rumaroma
125 g gemahlene Mandeln
30 g Mandelmehl (teilentölt)
20 g Kokosmehl (teilentölt)
1 gehäufter TL Backpulver
1 gehäufter TL Johannisbrotkernmehl
Zimt

1 Stück (ca. 80 g): 175 kcal, 9,3 g Eiweiß (21,3 E%), 11,2 g Fett (58,3 E%), 4,1 g Kohlenhydrate (9,5 E%), enthält zudem 8,1 g Zuckeralkohol (10,9 E%)

Backofen auf 175° (Umluft) vorheizen und den Boden der Springform mit Backpapier bespannen.

Den Apfel waschen, schälen und das Kerngehäuse entfernen. Danach grob raspeln, sofort mit etwas Zitronensaft beträufeln und beiseitestellen.

Die Eier mit Xylit, Rumaroma und Zimt etwa 3 Minuten zu einer cremigen Masse schlagen.

Gemahlene Mandeln, Mandelmehl, Kokosmehl, Backpulver und Johannisbrotkernmehl mischen und nach und nach unter die Eimasse rühren.

Nun den Apfel unterziehen.

Den Teig in die Springform geben und etwas glatt streichen. Im vorgeheizten Backofen für etwa 40 Minuten backen. Nach ungefähr 20 Minuten mit Alufolie abdecken.

Erdbeertorte (ohne Backen)

Für 8 Stück (18-cm-Springform)

Für den Boden:
80 g Butter
40 g kernige Haferflocken
5 Scheiben Filinchen
(Sorte Low-Carb, siehe Info)

Für den Belag:
250 g Erdbeeren
4 EL Xylit
1 Päckchen Tortenguss (klar)
300 g Frischkäse (Doppelrahmstufe)
150 g Naturjoghurt (3,5 % Fett)
etwas Schalenabrieb von 1 Bio-Zitrone

1 Stück (ca. 110 g): 275 kcal, 6,7 g Eiweiß (9,8 E%), 22,1 g Fett (73 E%), 8,9 g Kohlenhydrate (13 E%), enthält zudem 5 g Zuckeralkohol (4,2 E%)

Den Boden der Springform mit Backpapier bespannen.

Die Haferflocken mit 10 g Butter kurz in einer Pfanne anrösten.

Die Filinchen in einen Gefrierbeutel geben und darin, mit den Händen, zu kleinen Bröseln zerstoßen.

Die restliche Butter schmelzen und mit den zerstoßenen Filinchen und den Haferflocken mischen. Die Masse in die vorbereitete Springform geben, gleichmäßig verteilen und alles mit einem großen Löffel andrücken.

Den Tortenboden für etwa eine Stunde in den Kühlschrank stellen.

Die Erdbeeren waschen und den Strunk entfernen. 150 g von den Früchten fein pürieren, die restlichen Erdbeeren klein schneiden.

Die pürierten Erdbeeren mit 1 EL Xylit mischen und in einen kleinen beschichteten Topf geben. Den Tortenguss mit einem Schneebesen unterrühren und alles unter Rühren kurz aufkochen.

Frischkäse, Joghurt, das restliche Xylit und Zitronenabrieb zu einer glatten Creme verrühren.

Die aufgekochte Erdbeermasse dazugeben und gut unterrühren.

Anschließend die klein geschnittenen Erdbeeren unterziehen.

Dann die Crememasse auf den vorbereiteten Boden geben. Den Rand der Springform hierfür unbedingt an der Form lassen. Alles glatt streichen und für etwa 3 Stunden kühl stellen. Anschließend den Rand der Springform vorsichtig entfernen.

Info: »Filinchen das Abendbrot, Low-Carb« ist ein Waffelbrot, das wie Knäckebrot aussieht und im Supermarkt erhältlich ist (zu finden bei den Knäckebroten). Wer keine Filinchen bekommt, kann alternativ den Boden von der Jamaikatorte (Seite 148) für die Erdbeertorte verwenden.

Heidelbeerkuchen mit Baiserhaube

Für 8 Stück (18-cm-Springform)

Für den Boden:
125 g gemahlene Mandeln
1 Eigelb (Größe L)
30 g Butter
30 g Xylit

Für den Belag:
225 g Heidelbeeren (ungezuckert, TK)
2 Eiweiß (von Eiern Größe L)
35 g Xylit
1 gestrichener TL Lebkuchengewürz
1 Eigelb (von 1 Ei Größe L)
40 g gemahlene Mandeln
15 g Kokosmehl (teilentölt)

1 Stück (ca. 80 g): 205 kcal, 7,6 g Eiweiß (14,6 E%), 16,2 g Fett (70,4 E%), 3,1 g Kohlenhydrate (5,9 E%), enthält zudem 8,1 g Zuckeralkohol (9,1 E%)

Den Backofen auf 175° (Umluft) vorheizen. Den Boden der Springform mit Backpapier bespannen und den Rand einfetten.

Die Heidelbeeren für den Belag in einem Sieb auftauen lassen.

Die Zutaten für den Boden zu einem geschmeidigen Teig verarbeiten. Die vorbereitete Springform damit auskleiden und den Rand etwas hochziehen.

Die Eiweiße zu steifem Schnee schlagen. Gegen Ende Xylit und Lebkuchengewürz zugeben und so lange weiterschlagen, bis sich das Xylit aufgelöst hat.

Das Eigelb und die gemahlenen Mandeln vorsichtig unterheben, sodass eine luftige Masse entsteht.

Den Teig in der Springform mit dem Kokosmehl bedecken. Die Heidelbeeren gleichmäßig darauf verteilen. Anschließend die Eischneemasse daraufgeben und glatt streichen.

Den Kuchen im vorgeheizten Backofen 20 Minuten backen. Anschließend mit Alufolie abdecken und weitere 40 Minuten backen.

Himbeer-Sahne-Rolle

Für 10 Stücke

Für den Teig:
125 g Butter
6 Eier (Größe L)
100 g Xylit
150 ml Sahne
Vanillearoma
1 Päckchen Backpulver
1 stark gehäufter TL Johannisbrotkernmehl
120 g Mandelmehl (teilentölt)

Für die Füllung:
200 ml Sahne
1 Päckchen Sahnesteif
1 gestrichener EL Xylit
250 g Speisequark (20 % Fett)
1 Portionspäckchen Lupinenproteinshake Vanille (NutraLinea)
200 g frische Himbeeren (oder aufgetaute Tiefkühlbeeren)

1 Stück (ca. 160 g): 360 kcal, 16,5 g Eiweiß (28,4 E%), 27 g Fett (68,2 E%), 5,6 g Kohlenhydrate (6,2 E%), enthält zudem 11 g Zuckeralkohol (7,2 E%)

Den Backofen auf 175° (Umluft) vorheizen. Das Backblech mit Backpapier belegen.

Die Butter schmelzen und abkühlen lassen. Die Eier trennen. Das Eiweiß zu steifem Schnee schlagen und beiseitestellen.

Eigelb, Xylit, geschmolzene Butter, Sahne und Aroma so lange rühren, bis sich das Xylit aufgelöst hat.

Backpulver und Johannisbrotkernmehl darübersieben, Mandelmehl zugeben und alles miteinander verrühren. Dann den Eischnee vorsichtig unterheben, sodass ein luftiger Teig entsteht.

Den Teig auf das vorbereitete Backblech geben, gleichmäßig verteilen und etwas glatt streichen. Im vorgeheizten Backofen ca. 13 Minuten goldgelb backen.

Danach sofort auf ein mit etwas Xylit bestreutes sauberes Geschirrtuch stürzen und von der langen Seite aufrollen. Etwas auskühlen lassen.

Für die Füllung die Sahne mit dem Sahnesteif steif schlagen und kurz vor Ende das Xylit zugeben.

In einer zweiten Schüssel den Quark und das Eiweißpulver verrühren. Sollte die Masse zu fest werden, eventuell 1 EL Sahne zufügen. Allerdings bringen die Früchte noch einiges an Feuchtigkeit mit.

Sahne unter die Quarkmasse rühren. Die Früchte vorsichtig unterheben.

Die vorbereitete Bisquitrolle aufrollen, die Quarkmasse gleichmäßig darauf streichen und den Teig anschließend wieder aufrollen.

Info: Im Rahmen einer Low-Carb-Ernährung wird besonderen Wert auf eine gute Eiweißversorgung gelegt, weshalb für dieses Rezept Lupineneiweißpulver verwendet wird. Lupineneiweiß enthält alle essenziellen Aminosäuren und wirkt im Organismus basisch. Auf Seite 31 finden Sie eine mögliche Bezugsquelle. Alternativ können Sie auch 18 Gramm Eiweißpulver eines anderen Herstellers verwenden.

Jamaikatorte (ohne Backen)

Für 8 Stücke (18-cm-Springform)

Für den Boden:
60 g Butter
75 g gemahlene Mandeln
25 g Kokosraspel

Für den Belag:
150 g Ananas (Dose, ungezuckert; alternativ frische Ananas)
450 g Naturjoghurt (3,5 % Fett)
50 g Xylit
50 g Kokosraspel
1 Fläschchen Rumaroma
5 Blatt Gelatine
75 ml Wasser
200 ml Sahne

1 Stück (ca. 145 g): 305 kcal, 5,8 g Eiweiß (7,5 E%), 27 g Fett (78,8 E%), 7 g Kohlenhydrate (9 E%), enthält zudem 6,3 g Zuckeralkohol (4,7 E%)

Den Springformboden mit Backpapier bespannen.

Butter schmelzen. Mandeln und Kokosraspel unterrühren. Die Masse in der vorbereiteten Springform verteilen und am besten mit einem Kartoffelstampfer festdrücken.

Die komplette Backform für etwa 30 Minuten in den Gefrierschrank stellen.

Ananas in kleine Stückchen schneiden und in einem Sieb abtropfen lassen.

Den Joghurt in eine Schüssel geben. Xylit, Kokosraspel und Rumaroma unterrühren. Die vorbereiteten Ananasstücke unterheben.

Die Gelatine in ein kleines Pfännchen oder einen kleinen Topf geben. Wasser zugeben und die Gelatine für 5 Minuten einweichen lassen. Das Wasser unter Rühren (mit einem Schneebesen) erwärmen, bis sich die Gelatine gelöst hat. Diese dann unter die Joghurtmasse rühren.

Die Sahne steif schlagen und mit einem Schneebesen vorsichtig unter die Joghurtmasse heben.

Die Masse auf dem Kuchenboden verteilen und die gesamte Torte für ca. 4 Stunden in den Kühlschrank stellen. Danach den Springformrand vorsichtig lösen.

Karottenkuchen

Für 8 Stücke (18-cm-Springform)

Für den Teig:
125 g Karotten
3 Eier (Größe L)
60 g Xylit
½ Fläschchen Zitronenaroma
125 g gemahlene Mandeln
25 g Kokosmehl (teilentölt)
1 gehäufter TL Backpulver
1 gehäufter TL Johannisbrotkernmehl

1 Stück (ca. 75 g): 185 kcal, 8,2 g Eiweiß (17,7 E%), 12,9 g Fett (63,7 E%), 3,5 g Kohlenhydrate (7,5 E%), enthält zudem 8,8 g Zuckeralkohol (11,1 E%)

Den Backofen auf 175° (Umluft) vorheizen. Den Boden der Springform mit Backpapier bespannen.

Die Karotten schälen und fein raspeln.

Die Eier zusammen mit dem Xylit und dem Zitronenaroma etwa 3 Minuten zu einer cremigen Masse rühren. Mandeln, Kokosmehl, Backpulver und Johannisbrotkernmehl vermischen und nach und nach unter die Eiermasse rühren.

Anschließend die geraspelten Karotten unterrühren, den Teig in die vorbereitete Springform füllen, etwas glatt streichen und im vorgeheizten Backofen ca. 40 Minuten backen. Nach etwa 20 Minuten den Kuchen mit Alufolie abdecken, damit er nicht zu dunkel wird.

Nach Ende der Backzeit den Kuchen in der Form auskühlen lassen.

Tipp: Für einen Schokoladenguss schmelzen Sie vorsichtig 25 g Schokolade (Kakaoanteil 85 %), 15 g Sahne und 10 g Xylit und verzieren Sie den Kuchen damit.

Käsekuchen

Für 8 Stücke (18-cm-Springform)

2 Eier (Größe L)
65 g Xylit
50 ml Sahne
1 gestrichener TL Schalenabrieb von 1 Bio-Zitrone
250 g Speisequark (20 % Fett)
10 g Johannisbrotkernmehl
1 gehäufter TL Backpulver
25 g Dinkelmehl (Type 630)

1 Stück (ca. 70 g): 105 kcal, 6,4 g Eiweiß (24,2 E%), 5,1 g Fett (43,9 E%), 3,7 g Kohlenhydrate (13,9 E%), enthält zudem 8,1 g Zuckeralkohol (18 E%)

Den Backofen auf 160° (Umluft) vorheizen und den Boden der Springform mit Backpapier bespannen.

Die Eier trennen. Das Eiweiß zu steifem Schnee schlagen und beiseitestellen.

Eigelb mit Xylit, Sahne und Zitronenabrieb etwa 3 Minuten cremig schlagen. Dann den Quark unterrühren. Johannisbrotkernmehl, Backpulver und Dinkelmehl darübersieben und ebenfalls unterrühren.

Anschließend vorsichtig den Eischnee unterheben, sodass eine luftige Masse entsteht. Alles in die vorbereitete Springform geben und etwas glatt streichen.

Im vorgeheizten Backofen etwa 50 Minuten backen. Nach ca. 20 Minuten den Kuchen mit Alufolie abdecken, damit er nicht zu dunkel wird. Nach Ende der Backzeit den Backofen ausschalten und den Kuchen bei leicht geöffneter Backofentür auskühlen lassen.

Käsekuchenmuffins

Für 10 Muffins

125 g Schmand
200 g Doppelrahmfrischkäse
1 Ei (Größe L)
75 g Xylit
1 EL Zitronensaft
1 gehäufter TL Backpulver
1 gehäufter TL Johannisbrotkernmehl
1 Portionspäckchen Lupinenproteinshake Vanille (NutraLinea)

1 Stück (ca. 50 g): 95 kcal, 4,4 g Eiweiß (17,7 E%), 6,5 g Fett (58,9 E%), 1,4 g Kohlenhydrate (5,7 E%), enthält zudem 7,5 g Zuckeralkohol (17,6 E%)

Den Backofen auf 175° (Umluft) vorheizen.

Schmand, Doppelrahmfrischkäse, Ei, Xylit und Zitronensaft in eine Schüssel geben und mit einem Schneebesen verrühren.

Das Backpulver mit dem Johannisbrotkernmehl darübersieben und zusammen mit dem Lupinenproteinshake unterrühren.

Den Teig auf die Silikonmuffinförmchen verteilen und im vorgeheizten Backofen etwa 25 Minuten backen. Bevor sie zu dunkel werden, zwischenzeitlich mit Alufolie abdecken. Anschließend die Muffins in den Förmchen auskühlen lassen und danach aus den Förmchen nehmen.

Tipp: Die Muffins sehen auch gestürzt toll aus.

Info: Alternativ können Sie auch 18 Gramm Eiweißpulver eines anderen Herstellers verwenden.

Kirschkuchen

Für 8 Stücke (18-cm-Springform)

150 g Schattenmorellen (TK)
2 Eier (Größe L)
70 g Xylit
75 ml Sahne
10 g Backkakao
1 gehäufter TL Johannisbrotkernmehl
1 Päckchen Backpulver
35 g Mandelmehl (teilentölt)
125 g gemahlene Mandeln
15 g Mandelblättchen
Rumaroma, Zimt

1 Stück (ca. 80 g): 165 kcal, 7,4 g Eiweiß (18 E%), 11,6 g Fett (64 E%), 3,3 g Kohlenhydrate (8,1 E%), enthält zudem 7 g Zuckeralkohol (9,9 E%)

Den Backofen auf 175° (Umluft) vorheizen und den Boden der Springform mit Backpapier bespannen.

Die Kirschen in einem Sieb auftauen lassen. Die Eier trennen. Das Eiweiß zu Schnee schlagen und beiseitestellen.

Eigelb, Xylit, Sahne sowie Rumaroma und Zimt nach Geschmack so lange miteinander verrühren, bis sich das Xylit aufgelöst hat. Anschließend den Backkakao unterrühren. Johannisbrotkernmehl und Backpulver darübersieben und gemeinsam mit dem Mandelmehl unterrühren.

Dann vorsichtig den Eischnee und die gemahlenen Mandeln unterheben, sodass ein lockerer Teig entsteht. Zum Schluss die Kirschen unterziehen.

Den Teig in die vorbereitete Springform geben, etwas glatt streichen und mit den Mandelblättchen bestreuen. Im vorgeheizten Backofen etwa 50 Minuten backen. Den Kuchen nach etwa 20 Minuten mit Alufolie abdecken, damit er nicht zu dunkel wird.

Kokostörtchen

Für 8 Törtchen

Für den Teig:
75 g Butter
4 Eier (Größe L)
100 ml Sahne
75 g Xylit
1 leicht gehäufter TL Johannisbrotkernmehl
1 gehäufter TL Backpulver
50 g Kokosmehl (teilentölt)
20 g Kokosflocken
Rumaroma

Für das Topping:
200 ml Sahne
1 Päckchen Sahnesteif
1 gestrichener EL Xylit
15 g Kokosflocken
100 g frische Ananas

1 Stück (ca. 115 g): 230 kcal, 4,8 g Eiweiß (8 E%), 20,3 g Fett (76,9 E%), 4 g Kohlenhydrate (6,8 E%), enthält zudem 8,5 g Zuckeralkohol (8,3 E%)

Den Backofen auf 175° (Umluft) vorheizen und ein Backblech mit Backpapier auslegen.

Butter vorsichtig schmelzen. Die Eier trennen. Das Eiweiß zu steifem Schnee schlagen und beiseitestellen.

Eigelb mit Butter, Sahne, Xylit und Rumaroma nach Geschmack so lange rühren, bis sich das Xylit aufgelöst hat. Anschließend das Johannisbrotkernmehl und das Backpulver darübersieben und zusammen mit dem Kokosmehl unterrühren. Dann vorsichtig den Eischnee und die Kokosflocken unterheben, sodass ein luftiger Teig entsteht.

Diesen auf das vorbereitete Backblech geben und zu einer etwa 32×26 cm großen Teigplatte (etwa 1 cm dick) verstreichen. Im vorgeheizten Backofen ca. 15 Minuten backen.

Anschließend den Teig stürzen und nach vorsichtigem Entfernen des Backpapiers auskühlen lassen. Dann die Teigplatte in beliebige Stücke schneiden oder runde Törtchen ausstechen.

Für das Topping die Sahne mit dem Sahnesteif steif schlagen. Kurz vor Schluss das Xylit und die Kokosflocken zugeben.

Anschließend die Törtchen nach Wunsch mit der Sahne und dem Obst dekorieren.

Info: Alternativ kann hierfür auch anderes Obst wie zum Beispiel Kirschen verwendet werden.

Kokos-Tropical-Kuchen

Für 8 Stücke (18-cm-Springform)

2 Eier (Größe L)
65 g Xylit
1 leicht gehäufter TL Johannisbrotkernmehl
1 gehäufter TL Backpulver
3 EL Sahne
1 Fläschchen Rumaroma
25 g Kokosmehl (teilentölt)
50 g Kokosraspel
150 g exotische Obstmischung (TK)
einige Mandelblättchen

1 Stück (ca. 60 g): 100 kcal, 2,9 g Eiweiß (11,5 E%), 6,2 g Fett (56,8 E%), 4,1 g Kohlenhydrate (16,4 E%), enthält zudem 6,5 g Zuckeralkohol (15,3 E%)

Backofen auf 175° (Umluft) vorheizen und den Springformboden mit Backpapier bespannen.

Die Eier trennen. Das Eiweiß steif schlagen und beiseitestellen. Dann das Eigelb mit Xylit, Johannisbrotkernmehl, Backpulver, Sahne und dem Rumaroma so lange verrühren, bis sich das Xylit aufgelöst hat. Anschließend das Kokosmehl unterrühren. Zum Schluss vorsichtig den Eischnee und die Kokosraspel unterheben.

Den Teig in die vorbereitete Springform geben und glatt streichen. Das Obst darauf verteilen und etwas andrücken. Die Mandelblättchen darauf verteilen.

Im vorgeheizten Backofen ca. 35 Minuten backen. Nach ca. der Hälfte der Backzeit den Kuchen mit Alufolie abdecken.

Mohnkuchen

Für 8 Stücke (18-cm-Springform)

3 Eier (Größe L)
65 g Xylit
3 EL Sahne
1 gehäufter TL Backpulver
1 leicht gehäufter TL Johannisbrotkernmehl
25 g Mandelmehl (teilentölt)
75 g gemahlene Mandeln
50 g Mohn
(gemahlen oder ganze Mohnsamen)
Vanillearoma, Lebkuchengewürz

1 Stück (ca. 55 g): 130 kcal, 6,8 g Eiweiß (20,8 E%), 9,1 g Fett (63,3 E%), 1,4 g Kohlenhydrate (11,6 E%), enthält zudem 6,5 g Zuckeralkohol (11,7 E%)

Backofen auf 175° (Umluft) vorheizen und den Springformboden mit Backpapier bespannen.

Die Eier trennen. Das Eiweiß zu steifem Schnee schlagen und beiseitestellen. Eigelb, Vanillearoma, Lebkuchengewürz, Xylit und die Sahne so lange miteinander verrühren, bis sich das Xylit aufgelöst hat. Backpulver, Johannisbrotkernmehl und Mandelmehl darübersieben und unterrühren.

Anschließend den Eischnee mit den gemahlenen Mandeln und dem Mohn vorsichtig unterheben, sodass ein luftiger Teig entsteht. Den Teig in die vorbereitete Springform geben und im vorgeheizten Backofen ca. 40 Minuten backen. Nach ca. 20 Minuten mit Alufolie abdecken.

Tipp: Ganz lecker ist es, wenn man ganz zum Schluss 100 g Kirschen in den Teig gibt. Dadurch erhöht sich der Kohlenhydratgehalt pro Portion um etwa 2 g.

Schokomuffins

Für 9 Muffins

1 EL Öl
50 g Schokolade
(Kakaoanteilmindestens 85 %)
3 Eier (Größe L)
80 g Xylit
2 EL Sahne
1 leicht gehäufter TL Johannisbrotkernmehl
1 Päckchen Backpulver
15 g Backkakao
125 g gemahlene Mandeln
Rumaroma

1 Stück (ca. 60 g): 190 kcal, 7 g Eiweiß (14,8 E%), 14,1 g Fett (67,7 E%), 3 g Kohlenhydrate (6,5 E%), enthält zudem 8,9 g Zuckeralkohol (11 E%)

Backofen auf 175° (Umluft) vorheizen und die Muffinförmchen mit etwas Öl auspinseln.

Die Schokolade grob hacken. Die Eier trennen. Das Eiweiß steif schlagen und beiseitestellen.

Eigelb mit Xylit, Sahne und Rumaroma nach Geschmack so lange rühren, bis sich das Xylit aufgelöst hat. Danach Johannisbrotkernmehl, Backpulver und Kakao darübersieben und unterrühren. Die gemahlenen Mandeln und die gehackte Schokolade zusammen mit dem Eischnee vorsichtig unterheben, sodass ein luftiger Teig entsteht.

Den Teig auf 9 Muffinförmchen aus Silikon verteilen und 20–25 Minuten backen.

Flammkuchen »Elsässer Art«

Für 2 Portionen

Für den Teig:
2 Eier (Größe L)
125 g Quark (20 % Fett)
25 g Dinkelmehl (Type 630)
100 g geriebener Gouda
15 g Mandelmehl (teilentölt)

Für den Belag:
150 g Zwiebeln
75 g roher Schinken
125 g Schmand
1 EL Sahne
Salz, Pfeffer

1 Portion (ca. 360 g): 615 kcal, 41,8 g Eiweiß (27,3 E%), 41,6 g Fett (61,6 E%), 16,9 g Kohlenhydrate (11,1 E%)

Backofen auf 160° (Umluft) vorheizen und ein Backblech mit Backpapier belegen.

Die Eier und den Quark mit einem Schneebesen verrühren. Das Dinkelmehl darübersieben und alles gut miteinander mischen. Anschließend den Käse und das Mandelmehl zufügen und ebenfalls alles verrühren.

Die Masse auf das Backblech geben und einer Fläche von ca. 22 x 27 cm verstreichen. Dann den Teig im vorgeheizten Backofen 15 Minuten vorbacken.

Die Zwiebeln schälen und in Ringe schneiden. Schinken in Stücke schneiden.

Den Schmand mit der Sahne verrühren und gleichmäßig auf den vorgebackenen Boden verstreichen.

Die Zwiebelringe und den rohen Schinken darauf verteilen. Das Ganze nach Geschmack mit Salz und Pfeffer würzen. Alles wieder in den Ofen geben und für etwa 15 Minuten fertig backen.

Vor dem Verzehr ca. 5 Minuten abkühlen lassen, dann lässt sich der Flammkuchen besser vom Backpapier lösen.

Info: Der Boden wird nicht so knusprig wie gewohnt, schmeckt aber sehr lecker.

Gemüseflan

Für 4 Portionen
(Große Auflaufform)

400 g Karotten (küchenfertig gewogen)
200 Kohlrabi (küchenfertig gewogen)
1 große Zwiebel
1 Bund Petersilie
1 EL Olivenöl
1 Knoblauchzehe
4 Eier (Größe L)
125 ml Sahne
1 gehäufter TL Johannisbrotkernmehl
75 g geriebener Emmentaler
Salz, Pfeffer, Muskat

1 Portion (ca. 300 g): 330 kcal, 41,8 g Eiweiß (27,3 E%), 41,6 g Fett (61,6 E%), 16,9 g Kohlenhydrate (11,1 E%)

Die Karotten und den Kohlrabi waschen, putzen und grob raspeln. Die Zwiebel schälen und in Würfel schneiden. Die Petersilie waschen und hacken und beiseitestellen.

Das Olivenöl in einer großen Pfanne erhitzen. Die Zwiebelwürfel zugeben und etwa 5 Minuten dünsten. Das geraspelte Gemüse zu den Zwiebeln geben und alles zusammen weitere 10 Minuten dünsten. Gegen Ende den geschälten Knoblauch hineinpressen und kurz mit andünsten. Mit Salz und Pfeffer würzen.

Die Masse zur Seite stellen und für etwa 15 Minuten abkühlen lassen. In der Zwischenzeit den Backofen auf 175° (Umluft) vorheizen.

Die Eier mit der Sahne verrühren. Das Johannisbrotkernmehl mit einem Schneebesen klümpchenfrei unterrühren. Das Ganze mit Salz und Muskat abschmecken.

Die Gemüsemasse in eine Schüssel geben und mit dem geriebenen Käse und der gehackten Petersilie vermischen. Dann die Sahne-Ei-Masse darübergießen und alles noch mals gut vermischen.

Das Ganze in eine große Auflaufform geben und etwas glatt streichen. Die Auflaufform mit einem Deckel verschließen und für 35 Minuten in den vorgeheizten Backofen geben. Anschließend den Deckel abnehmen und den Flan noch mal für etwa 10 Minuten weiterbacken.

Tipp: In der Herbstzeit kann man auch Kürbis für den Flan verwenden.

Brötchen

Für 6 Stück

140 g gemahlene Mandeln
30 g geschroteter Leinsamen
15 g gemahlene Flohsamenschalen
1 Päckchen Backpulver
½ TL Salz
Brotgewürz nach Geschmack
2 Eier (Größe L)
2 EL Apfelessig
125 ml kochendes Wasser

1 Stück (ca. 80 g): 195 kcal, 6,3 g Eiweiß (19,3 E%), 10,8 g Fett (74,9 E%), 1,9 g Kohlenhydrate (5,8 E%)

Den Backofen auf 175° (Umluft) vorheizen und ein Backblech mit Backpapier belegen.

Alle trockenen Zutaten in eine Schüssel geben und sorgfältig miteinander vermischen. Dann die Eier und den Essig zufügen und alles gründlich vermengen. Unter ständigem Rühren nach und nach das kochende Wasser zugeben.

Den Teig 5 Minuten ruhen lassen.

Anschließend aus dem Teig mit den Händen 6 Brötchen formen (Achtung: Der Teig ist relativ nass.) und diese mit etwas Abstand auf das vorbereitete Backblech setzen. Im vorgeheizten Backofen ca. 40–45 Minuten backen.

Brotmuffins

Für 6 Muffins

1 EL Öl
2 Eier (Größe L)
100 g Speisequark (Magerstufe)
1 gute Prise Salz
etwas Brotgewürz
1 gehäufter TL Backpulver
1 gehäufter TL Johannisbrotkernmehl
25 g gemahlene Mandeln
35 g Mandelmehl (teilentölt)
40 g geschroteter Leinsamen
20 g Backsaat
25 g geriebener Emmentaler

1 Stück (ca. 65 g): 165 kcal, 8,3 g Eiweiß (30,2 E%), 7,5 g Fett (62,5 E%), 2 g Kohlenhydrate (7,3 E%)

Den Backofen auf 160° (Umluft) vorheizen. Die Silikonmuffinförmchen mit dem Öl auspinseln.

Die Eier und den Quark in einer Schüssel miteinander verrühren. Salz und Brotgewürz zugeben. Das Backpulver und das Johannisbrotkernmehl darübersieben und ebenfalls unterrühren. Zum Schluss die restlichen Zutaten untermischen.

Mit einem Esslöffel den Teig gleichmäßig auf die Muffinförmchen verteilen. Im vorgeheizten Backofen etwa 35 Minuten backen.

Tipp: Die Brotmuffins schmecken zum Beispiel zu gegrilltem Fleisch oder zu Wurstsalat.

Info: Backsaat ist eine Mischung aus verschiedenen Körnern und im Handel oder unter der Bezugsquelle auf Seite 31 zu beziehen.

Kastenbrot I

Für 10 Scheiben (20-cm-Kastenform)

etwas Öl für die Form
3 Eier (Größe L)
100 g Speisequark (20 % Fett)
1 EL Apfelessig
1 Päckchen Backpulver
1 gehäufter TL Johannisbrotkernmehl
25 g Dinkelmehl (Type 630)
50 g Kichererbsenmehl
50 g Mandelmehl (teilentölt)
50 g Leinsamen (geschrotet)
25 g Backsaat
Salz, Brotgewürz

1 Scheibe (ca. 55 g): 125 kcal, 9,9 g Eiweiß (29,5 E%), 7,4 g Fett (49,9 E%), 6,9 g Kohlenhydrate (20,6 E%)

Den Backofen auf 175° (Umluft) vorheizen, den Boden der Kastenform mit Backpapier auslegen und den Rand mit Öl einpinseln.

Die Eier mit dem Quark und dem Apfelessig in eine Schüssel geben und verrühren. Salz und Brotgewürz zugeben. Backpulver, Johannisbrotkernmehl, Dinkel-, Kichererbsen- und Mandelmehl mischen und nach und nach unterrühren. Abschließend den Leinsamen und die Backsaat unterrühren.

Den Teig in die vorbereitete Kastenform geben und im vorgeheizten Backofen etwa 45 Minuten backen.

Info: Diese Variante enthält sehr wenig Dinkelmehl und daher weniger Kohlenhydrate im Vergleich zum Kastenbrot II.

Kastenbrot II

Für 10 Scheiben (20-cm-Kastenform)

1 EL ÖL
3 Eier (Größe L)
125 g Speisequark (20 % Fett)
1 EL Apfelessig
1 Päckchen Backpulver
1 gehäufter TL Johannisbrotkernmehl
50 g Dinkelmehl (Type 630)
50 g Kichererbsenmehl
35 g Mandelmehl (teilentölt)
50 g Leinsamen (geschrotet)
25 g Backsaat
Salz, Brotgewürz

1 Scheibe (ca. 55 g): 130 kcal, 9,7 g Eiweiß (27,6 E%), 7,4 g Fett (47,8 E%), 8,6 g Kohlenhydrate (24,6 E%)

Den Backofen auf 175° (Umluft) vorheizen und die Kastenform mit Öl auspinseln.

Die Eier mit dem Quark und dem Apfelessig in eine Schüssel geben und verrühren. Salz und Brotgewürz zugeben. Das Backpulver, Johannisbrotkernmehl, Dinkel-, Kichererbsen- und Mandelmehl mischen und nach und nach unterrühren. Nun noch den Leinsamen und die Backsaat unterrühren.

Den Teig in die vorbereitete Kastenform geben und etwa 45 Minuten backen.

Info: Diese Variante enthält etwas mehr Dinkelmehl und daher auch ein wenig mehr Kohlenhydrate.

MADE IN
GERMANY

Pizza

Für 3 Portionen

Für den Teig:
4 Eier (Größe L)
150 g Frischkäse (Sorte natur)
1 TL Pizzagewürz
1 gestrichener TL Salz
25 g Mandelmehl (teilentölt)
40 g Dinkelmehl (Type 630)
1 gestrichener TL Backpulver
1 gehäufter TL Guarkernmehl

Für den Belag:
1 kleine Zwiebel
125 g passierte Tomaten
100 g geriebener Mozzarella
100 g Champignons in Scheiben (Glas)
50 g Salami
Salz

1 Portion (ca. 300 g): 410 kcal, 32,2 g Eiweiß (32,2 E%), 23,1 g Fett (52,3 E%), 15,5 g Kohlenhydrate (15,5 E%)

Den Backofen auf 175° (Umluft) vorheizen und ein Backblech mit Backpapier belegen.

Die Eier etwa 2 Minuten mit Frischkäse, Pizzagewürz und Salz verrühren. Das Mandelmehl unterrühren. Dann Dinkelmehl, Backpulver und Guarkernmehl vermischen, über die Masse sieben und ebenfalls unterrühren.

Nun den fast flüssigen Teig auf das Backblech geben und zu einer Platte in der Größe von etwa 24 x 30 cm streichen. Der Teig geht beim Backen noch etwas auf. Im vorgeheizten Backofen 20 Minuten vorbacken.

In der Zwischenzeit die Zwiebel schälen und in dünne Ringe schneiden.

Den Teig aus dem Ofen nehmen, um die Teigplatte zu drehen. Dazu am besten ein zweites Backpapier und einen Rost auf die Teigplatte legen und alles zusammen umdrehen. Die gewendete Platte mit dem Backpapier wieder auf das Blech geben und mit einer Gabel mehrfach einstechen.

Die passierten Tomaten auf dem Teig verstreichen. Anschließend den Mozzarella gleichmäßig darauf verteilen. Dann die abgetropften Pilze und die Salami zufügen und zum Schluss die Zwiebeln darüberstreuen.

Alles wieder in den Ofen geben und etwa 12 Minuten fertig backen.

Info: Der Boden der Pizza ist nicht so knusprig wie gewohnt, schmeckt aber richtig lecker.

Zwiebel-Speck-Muffins

Für 8 Muffins

3 EL Öl
3 Eier (Größe L)
150 g Speisequark (20 % Fett)
etwas getrocknete Petersilie
1 Päckchen Backpulver
1 gehäufter TL Johannisbrotkernmehl
25 g Dinkelmehl
50 g Kichererbsenmehl
25 g helles Mandelmehl (teilentölt)
20 g Sesam
30 g geschroteter Leinsamen
20 g Röstzwiebeln
20 g gewürfelter Rohschinken (alternativ Speck)
Knoblauchgranulat, Salz, Brotgewürz

1 Stück (ca. 70 g): 140 kcal, 10,9 g Eiweiß (30,9 E%), 6,9 g Fett (44,5 E%), 8,6 g Kohlenhydrate (24,6 E%)

Den Backofen auf 175° (Umluft) vorheizen und 8 Silikonmuffinförmchen mit etwas Öl einpinseln.

Die Eier trennen. Das Eiweiß zu steifem Schnee schlagen und beiseitestellen.

Eigelb mit dem Quark, dem restlichen Öl, Petersilie und Knoblauch sowie Salz und Brotgewürz nach Geschmack verrühren. Das Backpulver mit dem Johannisbrotkernmehl und dem Dinkel-, Kichererbsen- und Mandelmehl vermischen und nach und nach unterrühren. Dann den Sesam und den geschroteten Leinsamen unterrühren.

Die Röstzwiebeln und den Rohschinken zusammen mit dem Eischnee vorsichtig unterheben, sodass ein luftiger Teig entsteht.

Anschließend den Teig auf die vorbereiteten Muffinförmchen verteilen und im vorgeheizten Backofen etwa 25 Minuten backen.

Raum für Ihre Notizen

Gesunde Ernährung rund um die LOGI-Methode und LOGI-Low-Carb

BEST-SELLER · SPIRALO

Glücklich und schlank.
Mit viel Eiweiß und dem richtigen Fett. Das komplette LOGI-Basiswissen. Mit umfangreichem Rezeptteil.
Dr. Nicolai Worm
978-3-942772-96-9 **19,99 €**

BEST-SELLER · SPIRALO

Das große LOGI-Kochbuch.
120 raffinierte Rezepte zur Ernährungsrevolution von Dr. Nicolai Worm. Mit exklusiven LOGI-Kompositionen der Spitzenköche Alfons Schuhbeck, Vincent Klink, Ralf Zacherl, Christian Henze und Andreas Gerlach.
Franca Mangiameli
978-3-942772-79-2 **19,99 €**

BEST-SELLER · SPIRALO

Das neue große LOGI-Kochbuch.
120 neue Rezepte – auch für Desserts, Backwaren und vegetarische Küche. Jede Menge LOGI-Tricks und die klügsten Alternativen zu Pizza, Pommes und Pasta.
Franca Mangiameli | Heike Lemberger
978-3-942772-88-4 **19,99 €**

SPIRALO

Abnehmen lernen. In nur zehn Wochen!
Das intelligente LOGI-Power-Programm zur dauerhaften Gewichtsreduktion. Mit diesem Tagebuch werden Sie Ihr eigener LOGI-Coach!
Heike Lemberger
Franca Mangiameli
978-3-942772-59-4 **15,99 €** ~~18,99 €~~

BEST-SELLER

Das große LOGI-Back- und Dessertbuch.
Über 100 raffinierte Dessertrezepte, die Sie niemals für möglich gehalten hätten. So macht Leben nach LOGI noch mehr Spaß!
Mit ausführlichem Stevia-Extrakapitel.
Franca Mangiameli | Heike Lemberger
978-3-927372-66-5 **19,95 €**

Das große LOGI-Grillbuch.
120 heiß geliebte Grillrezepte rund um Gemüse, Fisch und Fleisch. Ein Fest für LOGI-Freunde.
Heike Lemberger
Franca Mangiameli
978-3-942772-12-9 **15,99 €** ~~18,00 €~~

Das große LOGI-Fischkochbuch.
Köstliche Gerichte mit Fisch und Meeresfrüchten aus heimischen Gewässern und aus aller Welt.
S. Thiel | A. Fischer
978-3-942772-07-5 **15,99 €** ~~19,99 €~~

SPIRALO

Vegetarisch kochen mit der LOGI-Methode.
LOGI ohne Fisch und Fleisch? Na klar! 80 innovative und kreative LOGI-Veggie-Rezepte. Wenige Kohlenhydrate – glutenfrei! Mit vielen veganen Rezeptalternativen.
Susanne Thiel | Dr. Nicolai Worm
978-3-942772-89-1 **19,99 €**

NEU

Das große LOGI-Fanbuch.
Erfolgsgeschichten, Rezepte, Tipps und Tricks von Fans für Fans der LOGI-Methode.
978-3-95814-079-0 **19,99 €**

Leicht abnehmen! Geheimrezept Eiweiß.
Gewicht verlieren mit Eiweiß und Formula-Mahlzeiten. Und dann: gesund und schlank auf Dauer mit LOGI.
Dr. Hardy Walle | Dr. Nicolai Worm
978-3-95814-009-7 **19,99 €**

Leicht abnehmen! Das Rezeptbuch.
Gewicht verlieren mit Eiweiß und Formula-Mahlzeiten. Und für danach: 70 einfache und abwechslungsreiche LOGI-Rezepte.
Dr. Hardy Walle
978-3-927372-40-5 **12,95 €**

NEU

LOGI. Das Buch.
Das Beste aus 15 Jahren LOGI. 300 Rezepte, Theorie und Tipps.
978-3-95814-026-4 **30,00 €**

Eiweiß-Guide.
Tabellen mit über 500 Lebensmitteln bewertet nach ihrem Eiweißgehalt und ausgewählten Aminosäuren.
Franca Mangiameli | Heike Lemberger
Dr. Nicolai Worm
978-3-942772-64-8 **9,99 €**

Fett Guide.
Wie viel Fett ist gesund? Welches Fett wofür? Tabellen mit über 500 Lebensmitteln, bewertet nach ihrem Fettgehalt und ihrer Fettqualität.
Heike Lemberger | Ulrike Gonder
Dr. Nicolai Worm
978-3-942772-09-9 **7,49 €** ~~9,99 €~~

BEST-SELLER

LOGI-Guide.
Tabellen mit über 500 Lebensmitteln, bewertet nach ihrem glykämischen Index und ihrer glykämischen Last.
Franca Mangiameli
Dr. Nicolai Worm | Andra Knauer
978-3-942772-02-0 **6,99 €**

Die LOGI-Kochkarten.
Die besten LOGI-Rezepte. Einfallsreich, einfach, preiswert.
978-3-942772-54-9 **12,99 €**

SPIRALO

Das große LOGI-Familienkochbuch.
Die LOGI-Ernährungsmethode für die ganze Familie in Theorie und Praxis. Mit 100 tollen Rezepten, die auch Kindern schmecken.
Marianne Botta | Dr. Nicolai Worm
978-3-95814-016-5 **19,99 €**

Der LOGI-Muskel-Coach.
Die ultimative Sporternährung für Muskelaufbau und Ausdauertraining.
Dr. Torsten Albers | Dr. Nicolai Worm
Kirsten Segler
978-3-942772-13-6 **19,99 €**

Mehr vom Sport! Low-Carb und LOGI in der Sporternährung.
Unter Mitwirkung zahlreicher Spitzensportler: Boxweltmeister Felix Sturm, Schwimmprofi Mark Warnecke, Leichtathlet Danny Ecker und viele mehr.
Clifford Opoku-Afari | Dr. Nicolai Worm
Heike Lemberger
978-3-927372-41-2 **19,95 €**

FÜR FACHKREISE

LOGI und Low Carb in der Sporternährung.
Glykämischer Index und glykämische Last – Einfluss auf Gesundheit und körperliche Leistungsfähigkeit.
Jan Prinzhausen
978-3-927372-30-6 **24,90 €**

Bauch, Beine, Po – das LOGI-Workout für Frauen. (DVD)
Inklusive ausführlichem Booklet.
M. Maier | Dr. N. Worm
978-3-927372-98-6 **8,99 €** ~~14,95 €~~

#POWERFÜRDICH. (DVD)
Trainiert, schlank & sexy.
Das 12-Wochen-Programm von Promi-Trainer Cliff.
Clifford Opoku-Afari
978-3-95814-010-3 **14,99 €**

LOGI im Alltag, in der Praxis und in der Klinik.
Andra Knauer
978-3-942772-31-0 **6,99 €** ~~8,95 €~~

SPIRALO

Die LOGI-Jubiläumsbox.
10 erfolgreiche, glückliche und schlanke Jahre mit der LOGI-Methode.
Enthält DIE drei Standardwerke rund um die LOGI-Methode zum Jubiläumspreis.
- Glücklich und schlank.
- Das große LOGI-Kochbuch.
- Das neue große LOGI-Kochbuch.

Dr. Nicolai Worm | Franca Mangiameli
Heike Lemberger
978-3-927372-68-9 **50,00 €**
(erhältlich solange der Vorrat reicht)

Noch mehr LOGI.
Die LOGI-Fisch-, -Back- und -Grillbox.
Über 400 raffinierte Rezepte.
Die Box beinhaltet:
- das große LOGI-Fischkochbuch
- das große LOGI-Grillbuch,
- das große LOGI-Back- und -Dessertbuch

Heike Lemberger | Franca Mangiameli
Susanne Thiel | Anna Fischer
978-3-942772-48-8 **45,00 €**
(erhältlich solange der Vorrat reicht)

FLIPCHART TISCHAUFSTELLER

LOGI durch den Tag.
Kombinieren Sie Ihren LOGI-Abnehmplan aus 50 Frühstücken, 50 Mittagessen und 50 Abendessen. Maximale Sättigung mit weniger als 1.600 Kalorien und 80 Gramm Kohlenhydraten pro Tag!
Franca Mangiameli
978-3-95814-007-3 **24,99 €**

FLIPCHART TISCHAUFSTELLER

Das LOGI-Menü.
Logisch kombiniert: 50 Vorspeisen, 50 Hauptgerichte, 50 Desserts.
Franca Mangiameli
978-3-95814-006-6 **24,99 €**

FLIPCHART TISCHAUFSTELLER · FÜR FACHKREISE

Die LOGI-Akademie.
LOGI lehren – LOGI verstehen.
Ein Leitfaden zur Patientenschulung und zum Selbststudium.
Franca Mangiameli
978-3-927372-59-7 **34,99 €** ~~48,00 €~~

NEU

HappyCarb: Meine liebsten Low-Carb-Rezepte.
HappyCarb-Bloggerin Bettina Meiselbach verrät uns ihre 150 »Erfolgsrezepte« für mehr Gesundheit und Genuss.
Bettina Meiselbach
978-3-95814-075-2 **19,99 €**

NEU

HappyCarb: Diabetes Typ 2 – nicht mit mir!
Erfolgsbloggerin Bettina Meiselbach verrät ihr persönliches Low-Carb-Geheimnis gegen den Diabetes. Mit 30 inspirierenden Rezeptideen.
Bettina Meiselbach
978-3-95814-062-2 **19,99 €**

NEU

Die Low-Carb-Alltagsküche.
110 Koch- und Backrezepte, die JEDER kann.
Beate Strecker
978-3-95814-034-9 **19,99 €**

Das Fastenbuch.
Die besten Fastenkuren für jeden Typ.
Anna Cavelius
978-3-927372-85-6 **19,99 €**

NEU

Vegan Detoxfasten.
Das 7-Tage-Programm zur Regulation des Säure-Basen-Haushaltes.
Anna Cavelius
978-3-942772-97-6 **8,99 €**

Endlich schlank ohne Diät.
Erfolgreich abnehmen ohne Jo-Jo-Effekt und Kalorienzählen - nach dem LOGI-Erfolgsprinzip von Dr. Nicolai Worm.
Anna Cavelius
978-3-942772-10-5 **7,49 €** ~~9,99 €~~

systemed Küchenratgeber

Low-Carb – Low-Budget.
Kohlenhydratbilanzierte Küche für den kleinen Geldbeutel.
Wolfgang Link | Dr. med. Jürgen Voll
978-3-942772-65-5 **8,99 €**

Low-Carb für Sportler.
30 kohlenhydratreduzierte Gerichte für den Sportler.
Wolfgang Link | Dr. med. Jürgen Voll
978-3-942772-91-4 **8,99 €**

Low-Carb kalte Küche.
40 kohlenhydratarme Rezepte ohne zu kochen.
Manuela Oehninger Suter
978-3-95814-021-9 **8,99 €**

Low-Carb unterwegs.
40 Rezepte für die Reise und zum Mitnehmen.
Franca Mangiameli | Heike Lemberger
978-3-942772-66-2 **8,99 €**

Low-Carb-Desserts.
40 Desserts mit wenig Kohlenhydraten.
Wolfgang Link
978-3-942772-95-2 **8,99 €**

Low-Carb-Aufläufe.
40 kohlenhydratarme Rezepte aus dem Ofen & Wissenswertes zu Auflaufformen.
Wolfgang Link
978-3-95814-022-6 **8,99 €**

Low-Carb vegan.
40 Rezepte ohne tierische Lebensmittel.
Franca Mangiameli | Heike Lemberger
978-3-942772-68-6 **8,99 €**

Low-Carb-Pfannengerichte.
40 Rezepte für die schnelle Pfanne mit wenig Kohlenhydraten.
Wolfgang Link
978-3-942772-93-8 **8,99 €**

Low-Carb-Backen für den Alltag.
22 kohlenhydratarme, einfache und 100% funktionierende Rezepte für Kuchen und Kekse.
Beate Strecker
978-3-95814-033-2 **8,99 €**

Low-Carb in 15 Minuten.
40 »leichte« Schnellrezepte zum Genießen.
Wolfgang Link
978-3-942772-75-4 **8,99 €**

Low-Carb bei Nahrungsmittelunverträglichkeit.
30 Rezepte bei Laktoseintoleranz/Fruktoseintoleranz/Zöliakie.
W. Link | Dr. med. J. Voll **4,99 €** ~~7,99 €~~
978-3-942772-74-7

Low-Carb-Weihnachtsbäckerei. NEU
20-mal Kekse, Gebäck und Kuchen zur Weihnachtszeit.
Beate Strecker
978-3-95814-043-1 **8,99 €**

Low-Carb-Powerwoche.
In 7 Tagen Vitalität gewinnen und Gewicht verlieren.
Wolfgang Link | Dr. med. Jürgen Voll
978-3-942772-87-7 **8,99 €**

Low-Carb für den Hund.
Artgerechte Hundeernährung mit wenig Kohlenhydraten – Wissen, Tipps und Rezepte.
Ursula Bien
978-3-95814-011-0 **8,99 €**

Low-Carb in der Schwangerschaft.
Gesundheit mit wenig Kohlenhydraten für Mutter und Baby.
Annett Schmittendorf
978-3-942772-72-3 **8,99 €**

Low-Carb vegetarisch.
40 vegetarische Rezepte ohne Fisch und Fleisch.
Wolfgang Link
978-3-95814-005-9 **8,99 €**

Low-Carb für Diabetiker. NEU
29 kohlenhydratarme Rezepte zur Blutzuckerregulation.
Wolfgang Link | Dr. Jürgen Voll
978-3-95814-045-5 **8,99 €**

Low-Carb-Feierabendküche. NEU
5 Zutaten – 15 Minuten – 40 Rezepte.
Wolfgang Link
978-3-95814-059-2 **8,99 €**

Low-Carb-Suppen.
40 Suppen und Eintöpfe zum einfachen Nachkochen.
Manuela Oehninger Suter
978-3-95814-004-2 **8,99 €**

Low-Carb-Frühstück. NEU
40 abwechslungsreiche Frühstücksideen mit wenig Kohlenhydraten.
Wolfgang Link
978-3-95814-046-2 **8,99 €**

Low-Carb-Nudelküche. NEU
40 köstliche echte Pastarezepte mit wenig Kohlenhydraten.
Wolfgang Link
978-3-95814-047-9 **8,99 €**

Low-Carb für Einsteiger. NEU
32 Rezepte mit zahlreichen Varianten für den Start in eine kohlenhydratarme Ernährung.
Manuela Oehninger Suter
978-3-95814-048-6 **8,99 €**

Low-Carb mediterran. NEU
40 Rezepte aus der beliebten Mittelmeerküche.
Manuela Oehninger Suter
978-3-95814-055-4 **8,99 €**

Ketogene Ernährung

Krebszellen lieben Zucker – Patienten brauchen Fett. BESTSELLER
Gezielt essen für mehr Kraft und Lebensqualität bei Krebserkrankungen.
Prof. Ulrike Kämmerer
Dr. Christina Schlatterer | Dr. Gerd Knoll
978-3-927372-90-0 **24,99 €**

Stopp Alzheimer! JETZT ALS PAPERBACK
Wie Demenz vermieden und behandelt werden kann.
Dr. Bruce Fife **20,00 €** ~~24,99 €~~
978-3-942772-86-0

Das Beste aus der Kokosnuss.
Natives Bio-Kokosöl und Bio-Kokosmehl.
Ulrike Gonder
978-3-942772-56-3 **4,99 €**

Ketogene Ernährung bei Krebs. NEU
Die besten Lebensmittel bei Tumorerkrankungen.
Prof. Ulrike Kämmerer
Dr. Christina Schlatterer | Dr. Gerd Knoll
978-3-95814-037-0 **14,99 €**

Stopp Alzheimer! Praxisbuch.
Wie Demenz vermieden und behandelt werden kann. Mit zahlreichen Rezepten, Mental-Test sowie Warenkunde und Kohlenhydrattabellen.
Dr. Bruce Fife
978-3-942772-27-3 **12,99 €**

Kokosöl (nicht nur) fürs Hirn!
Wie das Fett der Kokosnuss helfen kann, gesund zu bleiben und das Gehirn vor Alzheimer und anderen Schäden zu schützen.
Ulrike Gonder
978-3-942772-38-9 **5,99 €**

Positives über Fette und Öle.
Warum gute Fette und Öle so wichtig für uns sind.
Ulrike Gonder
978-3-942772-57-0 **4,99 €**

Alle 3 Bücher im Paket
978-3-942772-55-6 **12,00 €**

KetoKüche für Einsteiger: Rezepte & Kraftshakes.
50 ketogene Rezepte, die schmecken.
Dorothee Stuth | Ulrike Gonder
978-3-942772-42-6 **14,99 €**

Die Anti-Alzheimer-Diät. NEU
Alzheimer und Demenz einfach wegessen – oder: Wie die Ernährung vor Alzheimer schützen kann.
Dr. Peter Heilmeyer | Ulrike Gonder
978-3-95814-070-7 **15,99 €**

KetoKüche zum Genießen.
Mit gesunden Gewürzen und Kokosnuss. Über 100 ketogene Rezepte für Genießer.
Bettina Matthaei | Ulrike Gonder
978-3-942772-44-0 **19,99 €**

KetoKüche kennenlernen.
Die ketogene Ernährung in Theorie und Praxis.
Ulrike Gonder | Anja Leitz
978-3-942772-80-8 **8,99 €**

KetoKüche mediterran. NEU
90 kohlenhydratarme Gerichte rund um das Mittelmeer.
Bettina Matthaei | Ulrike Gonder
978-3-95814-044-8 **19,99 €**

Das angesagte Ernährungsthema im systemed Verlag: Gezielt essen bei Krebserkrankungen, Alzheimer und Demenz mit ketogener Ernährung.

Praxisbroschüre Rezepte zur Unterstützung einer ketogenen Ernährung für Krebspatienten.
Prof. Ulrike Kämmerer | Nadja Pfetzer
(erhältlich nur beim Verlag) **6,90 €**

systemed verlag

Ernährung, Gesundheit, Lifestyle, Wellness

Pur – weiß – tödlich.
Warum der Zucker uns umbringt – und wie wir das verhindern können.
Prof. John Yudkin | Prof. Robert Lustig
978-3-942772-41-9 **14,99 €**

JETZT ALS PAPERBACK
Kräuter & Gewürze als Medizin.
Gesund und schlank mit Vitalkräften aus der Apotheke der Natur.
Klaus Oberbeil
978-3-942772-92-1 **15,00 €** ~~19,95 €~~

Fit mit 100.
Jung bleiben, länger leben.
- Ein Leben lang schlank & glücklich.
- Programme für Körper und Seele.
- 100 wertvolle Ernährungstipps.

Klaus Oberbeil
978-3-927372-93-1 **14,99 €**

Warum Fische nie dick werden.
Jung & schlank mit Meeresfrüchten, Omega-3-Fettsäuren, Algen und Jod.
Klaus Oberbeil | Patrick Coudert
978-3-942772-71-6 **9,99 €**

Der Gen-Code.
Das Geheimnis der Epigenetik – wie wir mit Ernährung und Bewegung unsere Gene positiv beeinflussen können.
Dr. Ulrich Strunz
978-3-942772-01-3 **14,99 €**

Yes, I can!
Erfolgreich schlank in 365 Schritten.
Dr. Ilona Bürgel
978-3-927372-51-1 **4,99 €** ~~15,00 €~~

Das Myoreflexkonzept.
Schmerzfrei mit aktiven Muskeln.
Dr. med. E. Jörg | P. Kensok
978-3-942772-49-5 **13,99 €** ~~19,99 €~~

Gesund durch Stress!
Wer reizvoll lebt, bleibt länger jung!
Hans-Jürgen Richter
Dr. Peter Heilmeyer
978-3-927372-42-9 **4,99 €** ~~15,95 €~~

NEU
Happy-Hippie-Cooking Ibiza.
72 Rezepte, die auf Konventionen pfeifen. Love & Peace an der Pfanne.
Elke Clörs
978-3-95814-025-7 **19,99 €**

Ich habe so lange auf Dich gewartet!
Der lange Weg durch die Kinderwunschtherapie. Ein Tagebuch – ärztlich kommentiert und ergänzt – über Hoffnungen, Misserfolge, Wegbegleiter und das Wunschkind.
Prof. M. Ludwig | Maileen L.
978-3-942772-11-2 **9,59 €** ~~15,99 €~~

Mut zur Trennung.
Plädoyer für eine mutige und produktive Entscheidung – Kinder brauchen Aufrichtigkeit.
Jutta Martha Beiner
978-3-942772-47-1 **9,59 €** ~~15,99 €~~

Homöopathie – sanfte Heilkunst für Babys und Kinder.
Homöopathische Behandlung im Alltag.
Angelika Szymczak
978-3-927372-49-8 **5,99 €** ~~19,95 €~~

BEST-SELLER
Mehr Fett!
Warum wir mehr Fett brauchen, um gesund und schlank zu sein.
U. Gonder | Dr. N. Worm
978-3-927372-54-2 **13,99 €** ~~19,95 €~~

NEU
Wechseljahre-Irrtümer.
Wie uns falsche Vorstellungen und Fehlinformationen davon abhalten, auch diese Lebensphase zu genießen.
Ulrike Gonder
978-3-95814-056-1 **15,99 €**

Volkskrankheit Fettleber.
Verkannt – verharmlost – heilbar.
Dr. Nicolai Worm | Kirsten Segler
978-3-942772-78-5 **16,99 €**

BEST-SELLER
Stopp Diabetes!
Raus aus der Insulinfalle mit der LOGI-Methode.
Katja Richert | Ulrike Gonder
978-3-927372-56-6 **16,95 €**

Stopp Diabetes! Praxisbuch.
Ernährungs- und Bewegungspläne. LOGI-Methode.
Ein besseres Leben mit Diabetes.
Katja Richert
978-3-942772-08-2 **16,99 €**

Allergien vorbeugen.
Schwangerschaft und Säuglingsalter sind entscheidend!
Dr. I. Reese | Chr. Schäfer
978-3-927372-50-4 **9,99 €** ~~14,95 €~~

Campus Food.
Vegane Studentenküche.
Anne Bühring | Kurt-Michael Westermann
978-3-942772-21-1 **12,00 €**

Ethisch Essen mit Fleisch.
Eine Streitschrift über nachhaltige und ethische Ernährung mit Fleisch und die Missverständnisse und Risiken einer streng vegetarischen und veganen Lebensweise.
Lierre Keith | Ulrike Gonder
978-3-927372-87-0 **14,99 €**

Gute Kohlenhyrate – schlechte Kohlenhydrate.
Pfunde verlieren und Energie tanken.
Barbara Plaschka | Petra Linné
978-3-927372-81-8 **12,95 €**

66 Ernährungsfallen … und wie sie mit Low-Carb zu vermeiden sind.
- in typischen Alltagssituationen
- für Büro und Freizeit
- mit Einkaufsführer im Supermarkt
- mit ausführlichem Restaurant-Guide

Barbara Plaschka | Petra Linné
978-3-927372-55-9 **15,95 €**

Low-Carb für Männer. Ein Mann – (k)ein Bauch.
Jetzt noch übersichtlicher – mit komplett überarbeiteter Kohlenhydrattabelle zum Nachschlagen.
Barbara Plaschka | Petra Linné
978-3-942772-52-5 **15,99 €**

Köstlich kochen mit Tee.
Einfache und inspirierende Rezepte.
Tanja Bischof | Harry Bischof
978-3-942772-76-1 **4,99 €** ~~8,95 €~~

nur als eBOOK
Schwer verdaulich.
Wie uns die Ernährungsindustrie mästet und krank macht.
Pierre Weill
epub: 978-3-95814-060-8
pdf: 978-3-95814-061-5 **8,99 €**

Das Kohlenhydratkartell.
Über die Diätkatastrophe, die finsteren Machenschaften der Zuckerlobby und Wege aus dem Diätendschungel.
Clifford Opoku-Afari
978-3-942772-39-6 **12,95 €**

NEU
Jod. Schlüssel zur Gesundheit.
Wiederentdeckung eines Heilmittels.
Neue Power für Ihre Körperzellen.
Kyra Hoffmann | Sascha Kauffmann
978-3-95814-017-2 **14,99 €**

Entscheidend ist auf'm Teller!
Das BVB-Prinzip für optimale Fitness und maximale Energie.
Frank Fligge | Jola Jaromin-Bowe
978-3-95814-040-0 **19,99 €**

Der Paleo-Code.
Das Steinzeit-Programm.
Romy Dollé
978-3-927372-86-3 **19,99 €**

Paleo-Guide.
Kompaktes Basiswissen, Tabellen und praktische Tipps zum leichten Einstieg in ein Leben im Einklang mit den Genen.
Susanne Bader
978-3-95814-036-3 **7,99 €**

Früchtewampe.
Warum Obst und Gemüse dick machen!
Romy Dollé
978-3-942772-83-9 **19,99 €**

Iss einfach gut.
Das Prinzip Nahrungskette – einfach und pragmatisch erklärt vom Koch der Deutschen Fußballnationalmannschaft.
In Hardcover-Luxusausführung mit Moleskine Gummi und Saisonkalender als DIN-A3-Poster
Holger Stromberg
978-3-942772-50-1 **14,99 €** ~~18,99 €~~

NEU
Die Foodwerkstatt.
Ungesunde Lügen haben lange Zutatenlisten. 30 Supermarktklassiker zum Selbermachen und viele Rezepte mehr.
Sebastian Lege
978-3-95814-041-7 **19,99 €**

NEU
Low-Carb your life.
Die Lieblingsrezepte aus seiner erfolgreichen Ratgeberreihe. Mit vielen neuen Ideen und Kreationen.
Wolfgang Link
978-3-95814-027-1 **19,99 €**

Bestellen Sie direkt beim Verlag. Versandkostenfreie Lieferung.
Alle bereits erschienenen Bücher sind sofort lieferbar.
Das tagesaktuelle Programm sowie alle verbindlichen Preise finden Sie auf www.systemed.de.

Impressum

Redaktion: systemed Verlag, Lünen
systemed GmbH, Kastanienstr. 10, 44534 Lünen
Lektorat: Susanne Bader, Garmisch-Partenkirchen

Fotografie: Studio Reiner Schmitz, München
Foodstyling: Marcel Sumpf, München
Stockfotografie: www.fotolia.de

Titel, Gestaltung und Satz: A flock of sheep, Lübeck
Illustration: Patrick Kochne, Dortmund

Druck: Longo AG, Bozen/Italien
ISBN: 978-3-95814-034-9

2. Auflage

systemed verlag

LOGI® DAS ORIGINAL BEI SYSTEMED